TOEIC® テストで「高得点を取れる人」と「取れない人」の習慣

鹿野晴夫
kano haruo
山縣画児
yamagata gakuji
松尾謙一
matsuo kenichi
山田 治
yamada osamu

はじめに

こんにちは。鹿野晴夫です。

たくさんの語学書、ＴＯＥＩＣ関連書の中から、本書を手に取っていただき、ありがとうございます。４名の著者を代表して、お礼を申し上げます。


「ＴＯＥＩＣを受験するが、どうやって学習したらいいのか？」

「ＴＯＥＩＣを受験したが、どうしたらスコアが伸びるのか？」

こんな疑問をお持ちの皆さんのために、本書を書きました。


我々が講師として、企業研修やスクール・通信講座で接してきたＴＯＥＩＣ受験者は、累計２０万人を超えます。受講者の全員が成功すると良いのですが、同じ学習法の実践を始めて、２００点・３００点台の初級レベルから、順調にスコアを伸ばして、７００点・８００点・９００点以上の高得点を取れる人と、そうでない人がいます。

成果の差は、どこから生まれるのでしょうか?

学習状況を分析して、我々が導き出した答は、「習慣」の違いでした。

学習習慣がなければ、英語は身につきません。

しかし、それが悪しき習慣であれば、逆効果ということです。

同じ学習法の実践を始めたつもりでも、これまでの悪しき習慣が邪魔をしている人が少なくなかったのです。習慣とは、反復によって固定化された個人の「行動様式」を指します。

では、悪しき習慣は、どこで身についたのでしょう?

人によって異なりますが、多くは学生時代の「受験勉強」だったり、社会人になってから始めた「TOEIC対策」です。これらのすべてが悪いわけではないのですが、こうした習慣の中には、効果がないだけでなく、英語力の伸びを妨げる行動が含まれています。

そこで、本書では、悪しき習慣と対比させて、正しい習慣を解説することで、皆さんがＴＯＥＩＣで高得点を取れる行動を習慣化できるようお手伝いします。

正しい習慣を身につければ、誰でもスコアアップが可能です。私自身、29才から英語学習を始め、３３５点から3年で８００点台を取得。その後、会社を設立して、講師としてプロになりました。英語力はその後も順調に伸び、現在９８０点です（６４５点アップ）。

しかし、「著者の個人的な経験が、万人に当てはまるのか？」という疑問もあるかもしれません。

おっしゃる通りです。

私も、社会人になって英語学習を始める時、会社で行われたセミナーに参加し、様々な学習本も読みました。個人の経験に基づいた様々な方法論が語られ、それぞれに魅力的ではあるのですが、理系人間の私としては、データ不足（検証不足）を感じられずにはいられませんでした。

これが、私が会社を作った理由です。

「体系化された学習法で、誰にでも実践できる教育システムが求められている」と考えたのです。それには、個人の力には限界があります。社員が何万人もいる企業様のニーズに応えるには、一度に数百名規模の受講者を満足させる力量を持った講師の養成が必要です。加えて、学習法を実践できるテキストの開発や、学習者へのサポートが不可欠です。

2000年の創業から16年が経過し、教育システムが形になってきました。我々が運営するスクールは、5レベル（470点・600点・730点・860点・950点目標）に分かれており、TOEICスコアレベル別に学習法の検証と改善を行っています。スクールは、我々のラボ（研究所）の役割を果たしています。

学習法は、日々進化しています。私が個人で実践した学習法も、我々が提供している現在の学習法と比べれば、大いに改善の余地があるものでした。その当時に、この本が出ていれば、もっと早く、確実に英語力アップが出来ていたはずです。

本書で学習法をまとめるにあたっては、私の会社の講師として、企業・スクール・通信講座で、多くのＴＯＥＩＣ受験者に接してきた３名（山縣画児先生・松尾謙一先生・山田治先生）が分担をして、原稿を練り上げました。

山縣先生は、大学で英語学を専攻し、海外の大学院を卒業。前職では、大手英会話学校で講師を指導するトレーナーを務めていました。松尾先生は、外語大学を卒業。前職では、ネイティブ講師を派遣する研修会社に勤めていました。山田先生は、大学で英語劇に取り組み、前職では中高一貫校の講師を務めていました。

様々な英語分野の経験を持つプロが、最新の学習法の解説に深みを与えてくれています。

これから、ＴＯＥＩＣを受験される皆さん、
これから、ＴＯＥＩＣスコアを伸ばされる皆さん、
英語学習に取り組まれる皆さんに、本書を贈ります。

鹿野　晴夫

○ もくじ

第2章 ▼▼▼ こう解く！ＴＯＥＩＣ リスニング編

第3章 ▼▼▼ こう解く！TOEIC リーディング編

第4章 ▼▼▼ こう伸ばす！英語力 学習戦略編

第5章 ▼▼▼ こう伸ばす！英語力 リスニング編

第6章 ▼▼▼ こう伸ばす！英語力　リーディング編

第7章 ▼▼▼ こう生み出す! 学習時間編

第8章 ▼▼▼ こう維持する！ モチベーション編

○カバーデザイン　ＯＡＫ　辻佳江

第1章

こう使う！TOEIC
心構え 編

鹿野晴夫

01 高得点を取れる人はまずTOEICを受験し、取れない人は「勉強してから」と先延ばしする。

TOEICには、「英語力のモノサシ」「目標設定のツール」、そして、「英語力の証明」という機能があります。

雑誌などで、どの英語のテストが人気かという特集を見かけることがありますが、陸上競技の「幅跳び」と「高飛び」を比べるようなもので、あまり意味がありません。テストは、どんな英語力を測りたいか、何のために英語を学習したいかで選ぶべきです。むろん、「英語力の証明」として使う際は、英語力を評価する相手が求める（相手のニーズに合った）テストを選ぶ必要があります。

TOEICは、ビジネスで英語を使うことを目標とする人のテストです。留学を目標とするなら、TOEFL（主にアメリカ・カナダへの留学）やIELTS（主にイギリス・オーストラリア・ニュージーランドへの留学）。学校で学ぶ英語の定着を目標とするなら英検（受験者の７割が中高生）が、代表的なテストです。

英語力のモノサシとしてのＴＯＥＩＣには、合否ではなく、スコア表示という特長があります。先ほどの例で言えば、「幅跳び」のテストです。初級者から、上級者までが一緒に受験して、結果がスコアで表示されます。英検とは違い、スコアが低くとも、不合格にはなりません。ですから、**まだ受けたことがない方も、現在の力を確認するために、学習を本格的に始める前に、まずは受験してみることをおすすめします。**

実際には、こうアドバイスを差し上げても、「まずは勉強してから」と、受験申込をせずに、問題集を解き始める人がほとんどです。しかし、問題集を解けば、思ったより出来ないことに気づき、「もっと勉強してから」と先延ばしすることになるのがオチです。これでは、ＴＯＥＩＣの「目標設定のツール」という機能を活用できません。

受験することで、現在の英語力を把握でき、適切な目標設定が可能になります。スコアが低かったとしても、これから上げていけば良いのですから気にすることはありません。
むしろ、低いほうが「伸びしろ」があって、これからが楽しみというものです。

ＴＯＥＩＣスコアと英語を使って出来る仕事の関係は、およそ表の通りです。例えば、普段、日本語でプロジェクトに参加して、打ち合わせをしたり、提案をしたりすることに慣れている人は、７３０点以上の英語力があれば英語でもプロジェクトに参加できます。
もちろん、英語力だけでは仕事になりませんから、７３０点を持っている新入社員が、いきなり英語のプロジェクトで活躍できるわけではありません。あくまでも（母国語での）コミュニケーション力があり、仕事の専門性と経験が伴っての話です。

なお、「普段、日本語でプロジェクトに参加していて、現在７３０点だが、英語のプロジェクトに参加したら、しどろもどろだった」という人は、英語を使うことに慣れていないか、ＴＯＥＩＣ対策の結果、英語の実力が伴っていない可能性があります。前者であれば、慣れることで改善しますから、心配ありません。後者の場合は、努力の方向性を変える必要があります。

＜ＴＯＥＩＣスコアと仕事力＞
９５０点　ネゴシエーション（交渉）
８６０点　マネジメント
７３０点　プロジェクト
６００点　ミーティング
４７０点　質問応答
３５０点　自己紹介・製品紹介

ＴＯＥＩＣスコアを手にしたら、現在、英語で出来ることを確認するとともに、目標とするスコアをイメージしましょう。山登りであれば、現在地が現在のスコアです。そして、どこを目指すのかという目的地が、目標スコアです。**道に迷わず上り続ければ、頂上まで行くことができます。**

もちろん、誰もがいきなり頂上を目指す必要はありませんが、２レベル、３レベル上の実力を手に入れようと思えば、２００点～３００点アップが必要になります。それが、高得点を取るということです。

01 高得点を取れる人は、現在地の把握から始める！

02 高得点を取れる人はＴＯＥＩＣを定期的に受験し、取れない人は「勉強できてない」とパスする。

ＴＯＥＩＣは、どれくらいの頻度で受験するのが良いのでしょうか？

ＴＯＥＩＣは、２度目のスコアが実力を正確に反映したスコアです（05項参照）。そのため、1度目と2度目は、間隔を空けずに受験する（公開テストであれば連続受験する）のがおすすめです。前回受験してから、２年以上経過しているという方も同様に、連続受験することをおすすめします。

受験前に『ＴＯＥＩＣ®テスト公式問題集』（オフィシャルの問題集）を解くことで、問題形式にある程度慣れることができます。それでも、**練習問題を解くのと、実際にＴＯＥＩＣを受けるのとは違います。**

例えば、自宅で問題集を解くとして、実際のＴＯＥＩＣ同様に、休憩なしの２時間で２００問に取り組めるでしょうか？　ほとんどの方が、休憩を取りながら解くか、パートごとに解答を見るはずで、実際の試験とは必要な集中力や体力がまるで違います。

ですから、**実際のＴＯＥＩＣを受験して感覚をつかんだら、その感覚を忘れないうちに次を受験するのがベターです。**

「ある程度勉強してから、次の受験を申し込もうと考えているうちに、１年が過ぎた」という話をよく聞きます。こんなことのないように、**あらかじめＴＯＥＩＣの受験月を、年間で決めておく（定期受験する）のがおすすめです。**

１年に１回の受験では、頻度が少なすぎます。１年も経つと、問題形式やテストを受ける感覚を忘れてしまうので、再び問題形式に慣れるために、受験前に問題集を集中的に解く必要が出てくるからです。

もし、十分に問題形式に慣れずに受験すると、実力以下の結果となり、スコアダウンします。これは、悲惨です。会社で言えば、１年間の努力をしたが、「部門の予算を達成できなかった」「会社の決算が赤字だった」のと同じです。やる気が低迷するだけでなく、今後の方向性が見えなくなり混迷します。

ですから、3回目以降の受験は、会社が、四半期や半期で業績を判断するように、**3ケ月か6ケ月単位で受験するのがおすすめです。**

もちろん、頻繁に受験したからといって、スコアがアップするわけではありませんが定期受験することで、TOEICを「モチベーションツール」としても活用できます。

TOEICは、ダイエットの体重と同じです。体重計に乗ってもやせませんが、体重計に乗り、体重が減っていると、「この調子でがんばろう」と思い、変わっていないと、「まずい、もっとがんばろう」と思うはずです。

同様に、TOEICを受けても英語力は伸びませんが、スコアが良いか、受験時の体感が良ければ、「この調子でがんばろう」と思い、変わっていないと、「まずい、もっとがんばろう」と思います。

＜ＴＯＥＩＣとビジネス場面＞
Part １：指示や説明を受ける
Part ２：質問する、応答する
Part ３：ミーティングに参加する
Part ４：プレゼン、スピーチを聞く
Part ５：メモを読む、残す
Part ６：Ｅメールを読む、書く
Part ７：ビジネス文書を読む

「悪い結果だとショックだから」と、受験を先延ばしする人を見かけます。しかし、**ホントにショックを受けるのは、実際のビジネスで英語が使えなかったときです。**

そうならないために、ビジネス英語の練習試合のつもりで、定期的にＴＯＥＩＣを受験するのです。具体的には、ＴＯＥＩＣを、単なるテストではなく、表のように英語環境での仕事の疑似体験と考えましょう。

ビジネスが本番で、ＴＯＥＩＣは練習試合です。練習試合で負けても、本番で勝てるように努力すればいいのです。

02 高得点を取れる人は、ＴＯＥＩＣを練習試合と考える！

03 高得点を取れる人はＴＯＥＩＣの「本質」を押さえ、取れない人は「問題形式」だけを押さえる。

前項で、「ＴＯＥＩＣを単なるテストと考えるのではなく、英語環境での仕事の疑似体験と考える」と書きました。

これは、ＴＯＥＩＣ問題集で、問題形式を確認する際にも大事な視点です。**テストの問題形式には、どんな英語力を測定するのかという意図があります。**第２章・３章で詳しく説明しますが、この意図を理解できれば、ビジネスに必要な英語運用能力がわかり、テストを効果的に使うことができます。

１９７０年代、製造業を中心に日本企業の海外進出が急速に進みました。輸出だけではなく、製造拠点を海外に作るとなると、工場の立ち上げや生産技術の指導が必要です。そのため、エンジニアなど、これまで英語が不要だった人たちも、現地の外国人と直接コミュニケーションを取ることが求められます。

こうした状況の中で、コミュニケーションに必要な能力を客観的に評価するとともに、その評価を目標設定にできる世界共通のモノサシを作ろうと考えて生まれたのがＴＯＥＩＣです。テストを考えたのは日本人（故・北岡靖男氏）ですが、テストの開発は、ＴＯＥＦＬの開発も行っている世界最大の非営利テスト開発機関であるＥＴＳ（Educational Testing Service）が行いました。

１９７９年に第１回テストが実施されて以来、企業活動のグローバル化の加速とともに、順調に受験者を伸ばし、２０００年には、年間受験者１００万人を突破します。

その後も、「新入社員にＴＯＥＩＣを受験させる」「全社員にＴＯＥＩＣを受験させる」「昇格・昇進基準にＴＯＥＩＣスコアを要件化する」など、一部社員の英語力アップから、全社員の英語力アップを目指す企業が増加し、**現在は国内で年間２４０万人（世界で７００万人）が受験しています。**

ＴＯＥＩＣがここまで普及した理由は、これだけではありません。「内容の妥当性」と「実施の簡便性」というテストの特長が、企業に支持された結果です。

ＥＴＳは、開発にあたり、実際のビジネス環境で使われる英語を調査しました。その結果、社会人に難易度が最適なテストが生まれました。**語彙レベルは、約３７００語で、英語で大学の授業を受けることを想定したＴＯＥＦＬ（約６１００語）や、英検１級（約８２００語）より容易です。文法も高校１年生までに習う基本事項です。**

さらに、ＥＴＳが４技能の関連性を調べたところ、リスニングとスピーキング、リーディングとライティングの能力に高い相関性（相関係数０・８３）が認められました。この結果を受けて、ＴＯＥＩＣは、リスニング・リーディング問題だけで、スピーキング・ライティングを含めた能力を評価できるテストとして誕生したのです。

リスニングとリーディングだけのテストですから、企業や学校でも、会場とＣＤデッキを用意すれば、ＩＰテストを簡単に実施でき、試験料も抑えることができます。

これを知ったうえで、ＴＯＥＩＣを受験する人は、「4技能を学習して、4技能の能力を簡便に測るために、リスニング・リーディングのテストを受ける」はずです。

しかし、**表面的に問題形式を確認した人は、スコアアップのために、リスニング・リーディングだけを学習するかもしれません。この方法は、効率が悪いのですが、スコアを上げることはできます。ただし、スピーキング・ライティング力は伸びません。**

ＥＴＳの調査は、英語力を測定したら、対象者の4技能に相関があったということを示しているにすぎず、リスニング・リーディングに特化した学習で、スピーキング・ライティングも伸びるということではないのです。

現在では、スピーキング・ライティング力を直接測定するＴＯＥＩＣ®スピーキング・ライティングテストも開始され、企業・学校での導入が進んでいます。

03 高得点を取れる人は、ＴＯＥＩＣを正しく活用する！

04 高得点を取れる人はTOEIC対策に距離を置き、取れない人はあやしい対策に心惹かれる。

書店には、TOEIC「○○対策」というタイトルの書籍があふれ、大学だけでなく、一部の企業でも、TOEIC対策講座が開かれています。そのため、TOEICには、対策が必要と考える人が多いようです。

初めてTOEICを受験する人や、久しぶりに受験する人は、受験前に練習問題を解いておく必要があります。練習問題を解くのは、TOEICの問題形式（2時間・200問）に慣れて、実力が発揮できるようにするためです。

これは、対策と言うより、受験前の準備です。言ってみれば、マラソンに出場する選手が、コースの下見をするのと同じです。**コース（問題形式）に慣れていないと実力以下の結果になりますが、慣れたからといって実力以上の結果が出るわけではありません。**

問題形式に慣れることを指して、対策と言っているなら良いのですが、対策の中には、見るからにあやしいものや、一見もっともらしい（が手を出すと逆効果な）ものが含まれています。詳しくは、第2章・第3章でご紹介しますが、読み進める中で、**「対策で、実は損をしていた」と気づく人も多いはずです。**

対策の怖いところは、TOEICに必須のテクニックと思って（あるいは、実力アップの方法と勘違いして）、本来の「英語の聞き方・読み方ではない方法」で、TOEICを受験することです。

さらに、そのテクニックを身につけるために、貴重な学習時間を浪費してしまうことです。残念ながら、**受験テクニックを覚えても、本来の「英語を聞く・読む力」はアップしていませんから、無意味です。同じ時間は、実力アップに使って、スコアアップすべきです。**

世の中がこれだけグローバル化する中で、日本人の英語力がなかなか上がらないのは、なぜでしょうか？　それは、学校のテストでも、入試でも、TOEICでも、テストと言えば、対策を考えることです。対策という言葉の根底には、実力以上の結果を得ようとする発想があります。あえて厳しい言葉で言えば、「インチキ」です。

インチキを続けていると、感覚がマヒして、実力を伸ばすという本来の努力の方向を忘れますから、英語力の伸びが止まります。対策はテスト前だけで、普段は実力アップに努力しているという人も、スコアアップすると、それが対策の結果ではないかと不安になり、「高得点でも、英語に自信がない」と言い出すことになります。

理想はわかるが、「TOEICスコアが昇格・昇進要件になり、急いで○○点が必要」「就職や転職のために、すぐに高得点がほしい」という人もいるでしょう。しかし、そうした人こそ、**対策に飛びつかないことです。**

2016年5月の公開テストから、TOEICの出題形式が変更になりました。改定のテーマは、「よりオーセンティックなテストへ」。つまり、**より実践的な英語力を測るテストへの改定です。**具体的には、長文のリスニング・リーディングが増え（短文のパート1、2、5の問題数減、長文のパート3、6、7の問題数増）、会話の流れや文脈理解が必要な問題形式が追加になりました（パート3、4、6、7）。

ネットや雑誌には、新形式問題への「対策」といった記事が掲載されています。より実力が必要な出題形式への変更のため、これをやれば実力がなくても解けるといった解説ができるはずもなく、多くの記事に、「長文を聞いて・読んで、全体の流れや意味が分かる実力を養うこと」と書いてあります。**これまで様々な対策を指南してきた人たちが、即効性のある対策は難しいと認めているのです。**

早くスコアを上げたい人こそ、対策探しを止めて、実力を上げる努力を開始しましょう。

04 高得点を取れる人は、実力アップの道を選ぶ！

05 高得点を取れる人は必要時間を知って奮起し、取れない人は「無理だ」とあきらめる。

ＴＯＥＩＣのスコアアップにかかる時間は、表の通りです。これは、企業内語学研修の前後にＴＯＥＩＣを実施して得られた２０００人の平均時間です（故・三枝幸夫氏の調査）。時間数を見て、驚かれる人が多いでしょう。

ＴＯＥＩＣには、誰でも受験できる「公開テスト」と、企業や学校単位で実施される「ＩＰテスト」があり、前者の平均点が５８０点程度、後者が４６０点前後です。ＩＰテストの平均点が低いのは、強制的に受験させられる割合が高いからで、より日本人の平均的な英語力を表していると言えます。

仮に、５８０点から、プロジェクトに参加出来る７３０点を目指すには、５３０時間。プロジェクトでリーダーを務める、外国人の部下を持つなどマネジメントが出来る８６０

点を目指すには、1110時間。取引先と複雑な交渉をまとめることが出来る950点を目指すには、少なくとも1560時間以上が必要という計算です。

＜100点アップの必要時間＞

200点→300点	200時間	（1点2.0時間）
300点→400点	200時間	（1点2.0時間）
400点→500点	250時間	（1点2.5時間）
500点→600点	300時間	（1点3.0時間）
600点→700点	350時間	（1点3.5時間）
700点→800点	400時間	（1点4.0時間）
800点→900点	500時間	（1点5.0時間）

「速攻でスコアアップ」など、TOEIC対策本の売り文句と現実があまりにも違うのはなぜでしょう？ **「すぐにスコアアップした」という人のほとんどは、問題形式に不慣れで、初回のスコアが実力以下の結果だった人です。**

例えば、リスニング問題のパート1では、例題が放送されますが、パート2以降は、いきなり問題が流れます。慣れていないと、問題が始まったことに気づかないことがあります。

リーディング問題では、大学受験よりははるかに速いスピードで問題を解く必要があり、じっくり考えていると問題を大量に解き残すことになります。

また、解答はリスニング・リーディング問題とも4択（パート2のみ3択）のマークシートですが、わからない問題・解き残した問題も含めて、いずれかにマークすること（偶然に正答すること）が前提で、マーク残しがあると低いスコアが出ます。

会社でIPテストが行われ、テストについて何の予備知識もなく、いきなり2時間・200問のテストを受験したら、最後まで集中力を保って、実力発揮できる人がどれほどいるでしょうか？　あまり多くないことは、公開テストとの平均点の差（約120点）を見ても明らかです。

こうして受験した結果、実力以下のスコアとなった人が、TOEIC対策の本や講座で、問題形式に慣れると、100点位は簡単に上がります。もちろん、対策が有効だったのではなく、問題形式に慣れることが有効だっただけです。

ここで、「対策が有効だった」と勘違いをすると、それ以降も対策を続けるわけですが、実力は伸びないので、その後はほとんど伸びません。

TOEICは、2度目のスコアが実力を正確に反映したスコアです。そこから、目標スコアを達成するには、表に掲載程度の時間がかかるのです。**ここで、「とても無理だ！」と考えるか、「どうすれば出来る？」と考えるかが、運命の分かれ目です。**

我々のスクールに通学する社会人（３００人）のアンケート結果では、毎日の平均学習時間が６０分でした（時間の作り方は、第7章でご紹介します）。このペースだと、1年で３６５時間ですから、毎年１００点前後のアップが可能ということです。

もっと早くスコアを上げる必要があるなら毎日の学習を3時間にすれば1年で1０００時間が可能です。スクール生の中には、毎日4時間の学習で、1年で3００点以上アップを達成した強者が何名もいます。

05 高得点を取れる人は、時間をかける覚悟をする！

06 高得点を取れる人は長期目標を設定し、取れない人は短期目標を設定する。

英語学習で挫折する人の多くは、

1ケ月～3ケ月程度先の短期目標を設定する人です。

もちろん、特別の事情があってすぐにスコアアップが必要なのであれば、毎日4時間学習すれば、3ケ月でも100点アップ（前回スコアが問題形式に不慣れな結果なら、150～250点アップ）は可能です。

仕事をしながら、4時間の時間を確保するには、睡眠と仕事を除いた8～10時間の半分近くを英語に当てる必要がありますが、無理ではありません。前述のスクール生も社会人ですし、私も仕事をしながら4時間以上の学習をしていた時期があります。

とはいえ、特別な事情がない人、久々に英語学習をしようという人、英語に苦手意識を感じている人には、おすすめできません。スポーツと同じで、いきなり長時間の練習をすれば、体を壊すか、嫌になって止めてしまいます。**まずは、1日10分でもかまいませんから、毎日学習すること（習慣化）を目標にしてください。**

そして、体が慣れてきたらペースを上げていきましょう。**1日1時間のペースになると、50点以上のスコアアップは、6ケ月〜1年後にやってきます。**

ＴＯＥＩＣには約５０点の測定誤差がありますから、５０点以上のスコアアップで、英語力がワンランクアップしたという評価です。逆に言えば、英語力に変化がなくても、５０点の幅でスコアが上下します。ですから、スコアが下がっても、この範囲であれば気にする必要はありません。**短期間で見ると、上下を繰り返し、長期間で見ると、確実に上がっていくのがTOEICスコアです。**

「仕事が忙しいから、手っ取り早くスコアを上げて、学習を止めたい」という人もいるかもしれません。

残念ながら、これは2つの理由で、困難です。

1つ目は、**中学高校6年（大学含む8年）で、さほど身につかなかった英語が、急に伸びるはずがない**ことです。なぜ身につかなかったのかを理解し、今度は、身につく方法を実践するのが大前提ですが、それでも時間はかかります。ちなみに、母国語（日本語）は、高校生になってても学びます。小学生〜高校卒業までで、12年です。仮にこのレベルの英語力を目指すなら、最低あと4年は必要ということです。

2つ目は、**学習を止めれば、英語力が落ちますから、スコアを上げても、その力を維持するための学習は必要**ということです。必ずしもテキストを使った学習である必要はありませんが、何らかの形での学習が必要です。また、仕事で毎日英語を使う状況であれば、そのレベルでは満足できずに、更なる英語力アップの必要性を感じるはずですから、やはり学習が続きます。

どうせ学習を続けるなら、将来も継続できるペースを作るのが得策です。

「仕事に英語は必要ないのに、TOEICを受験させられている」と感じている人もいるかもしれません。

そんな人は、「近い将来、あるいは、もっと先に英語を使っての活躍を期待している」という、会社からのメッセージと受け止めては、どうでしょう？　英語は急には身につきませんから、今から将来に備えて学習するのです。

では、どれくらい長期の目標を考えるべきでしょうか？

仕事の中期目標と同様に、3年～5年がおすすめです。これだけ期間があれば、1日1時間のペースでも、300点～600点アップが可能です。何事も、どうせやるなら達成しがいのある大きな目標のほうが、元気が出るというものです。

とは言え、「いきなり、長期目標と言われてもイメージがわかない」かもしれません。

そんなときは、新入社員の試用期間同様に、まず3ケ月間、英語学習に体を慣らして、それから具体的な目標を設定するのも手です。

06 高得点を取れる人は、達成しがいのある目標を持つ！

第2章

こう解く！ TOEIC
リスニング 編

山田　治

07 高得点を取れる人は聞き取れた部分から想像し、取れない人は聞き取れなかった部分が気になる。

ここから、TOEICリスニング問題の解き方（練習の仕方）を紹介しますが、その前に、根本的に間違ったリスニングの仕方（聞き方）を説明します。それは、「聞きながら英文（文字）を思い浮かべる」ことと、「その英文を日本語に訳そうとする」ことです。

この聞き方では、リスニング問題のナチュラル・スピード（ネイティブ・スピーカーが自然に話す速さ）の英語についていくことができません。**間違ったリスニングの仕方をしていては、いつまで経っても聞き取れるようにはなりません**から、TOEIC受験の際も、練習問題を解く際も、あるべき英語の聞き方をしましょう。

目標とする聞き方は、ネイティブ・スピーカーの聞き方です。

つまり、**英文を思い浮かべることなく、（日本語に訳することなく）内容を理解してい**

く聞き方です。この当たり前の聞き方を、常に実践することが大切です。

「その当たり前の聞き方が出来ないから、苦労しているのだ」という人は、すべてを聞き取ろうとして、聞き取れなかった部分を気にしている人です。

逃げてしまった音は、追えないのですから、**聞き取れた部分をつないで、話の内容を推測することだけに持っているエネルギーを集中しましょう。**

実際のコミュニケーションの際は、今持っている実力で勝負するしかありません。ＴＯＥＩＣは、ビジネス英語の練習試合です。練習試合は、現時点で持っている実力を最大限に発揮できる「瞬発力を養う」ためにあります。

そして、練習試合が終わり、「もっと練習が必要だ」と感じたエネルギーを、リスニング力アップの練習に投じてください。リスニング力を上げる効果的な方法は、第５章で説明しますが、ここで大事なことがあります。

TOEIC® テスト 出題形式

パート	パート名	問題数
リスニングセクション（約 45 分）495 点満点		
1	写真描写問題	6 問
2	応答問題	25 問
3	会話問題	39 問
4	説明文問題	30 問
リーディングセクション（75 分）495 点満点		
5	短文穴埋め問題	30 問
6	長文穴埋め問題	16 問
7	1つの文書	29 問
	複数の文書	25 問

2016 年 5 月以降の公開テストの出題形式です。問題形式の詳細は、オフィシャルの問題集である『TOEIC® テスト公式問題集　新形式問題対応編』（一般財団法人国際ビジネスコミュニケーション協会 発行）または、TOEIC 公式ホームページ（www.toeic.or.jp）で確認してください。

それは、練習試合でも、練習でも、**「完璧主義を捨てる」**ことです。

ＴＯＥＩＣのリスニングセクションが満点になったら、英語が１００％聞き取れるでしょうか？ 実は、１００％聞き取れなくとも、ＴＯＥＩＣでは満点が取れます。ＴＯＥＩＣは、1問5点といった配点ではなく、正答数に統計処理を加えてスコアを算出する仕組みで、リスニングであれば９７問前後の正答で満点（４９５点）になるのです。

実際のコミュニケーションでは、分からないところは聞き直すことができますから、９７％の理解も、１００％の理解も、あまり差がないということです。

実際のコミュニケーションでも、完璧に聞き取れたかどうかを気にすると、相手の言いたいことに気が回りません。**完璧主義ではなく、「推測主義」で行きましょう。**

07 高得点を取れる人は、聞き取れた音をつなぐ！

08 高得点を取れる人は「パート1」で状況を思い浮かべ、取れない人は日本語訳を考える。

ここから、リスニングセクションの4つのパートに沿って解説をしていきます。

一般的な解説であれば、問題形式の説明から始めるところです。しかし、表面的に問題形式を理解しても、正しい聞き方は見えてきません。

TOEICを開発したETSは、実際のビジネス環境で使われる英語を調査し、そこで必要な能力を測定するテストを作りました。ですから、**問題の「形式」よりも、どんな「能力」を測っているのかを理解することが大事です。必要な能力が分かれば、その能力を発揮する聞き方を目指せばいいのです。**

パート1で測っている能力は、

「簡単な指示や説明を聞いて理解できる力」です。

例えば、海外出張に行って、取引先の工場を視察することを考えてみましょう。普段はEメールでやり取りしている取引先の担当者（外国人）が、宿泊先のホテルに迎えに来てくれて、工場に向かう車内で説明をしてくれます。「今日は、ハイウェイがすいています」「遠くに見える建物が工場です」といった具合です。

工場でも同様に、「従業員が、製品を組み立てています」「彼が、製品をトラックに積み込んでいます」と説明してくれます。**実際に目にしているものの説明ですから、シンプルかつ短い英文での説明です。**あなたは、説明を理解できて、少し安心します。

こうした場面で必要な力を試しているのが、パート１「写真描写問題」です。

具体的な問題形式は、写真を見ながら４つの英文を聞いて、写真を正しく描写（説明）しているものを１つ選びます。

このパートで測っている力は、「簡単な指示や説明を聞いて理解できる力」ですから、問題を解く際も、このように聞きます。

① 写真を眺めて、状況を大まかに把握する。
② 4つの「選択肢」を聞き、説明の状況を思い浮かべる。
③ 写真の状況に合う、「選択肢」を選ぶ。

①の「状況を大まかに把握する」とは、先ほどの工場の視察であれば、工場内に入って、「従業員が組み立てラインで働いている」「男性が機械を操作している」「全員ヘルメットを被っている」といったことが、ぱっと目に入ってくる感じです。

②の**「説明の状況を思い浮かべる」が、一番重要なステップです。**

具体的には、「They are working on an assembly line. という音を聞いて、「人々が組み立てラインで働いている」様子を、頭の中に絵を描く感じでイメージします。あとは、頭に浮かんだ絵と、写真を比べて正解を選びます。

対策本や対策講座では、写真を見て、「人物が1人の場合」「人物が2人の場合」「物や風景の場合」のタイプ別に、状況を細かく把握した後で、消去法で聞いていく、といった指南があります。これは、現実のリスニングとは関係のない解法テクニックです。

繰り返しになりますが、対策をすると、正しく能力を測れませんし、**対策を練習しても、リスニング力は伸びません。**

対策だと気づかずに、対策に時間をかけてきたという方も多いはずですが、今後はその時間を英語力アップの時間に活用していけば、スコアアップします。

リスニングセクションは、「パート1」→「パート4」の順で難易度が上がっていきます。

パート1は、リスニングセクションで、一番やさしい問題です。まずは、このパートから、「音を聞いて絵にする」自然な聞き方を身につけましょう。

08 高得点を取れる人は、音を絵にする！

09 高得点を取れる人は「パート2」で文頭を頭に残し、取れない人は文末しか思い出せない。

パート2で測っている能力は、**「簡単な問いかけを理解して応答できる力」**です。

先ほどの海外出張の続きを考えてみましょう。取引先の工場の視察で、担当者が案内してくれているシーンです。車内や工場内で目に見えるものを説明してくれるだけでなく、様々な質問をしてきます。交渉をしているわけではありませんから、簡単な問いかけが続きます。

「フライトは、いかがでしたか?」「こちらには、初めての訪問ですか?」「滞在は何日までですか?」「昼食の希望はありますか?」「組み立てラインと設計部門のどちらを先に見学されますか?」。あなたは、最初のうちこそ緊張していましたが、質問に答えるうちに、少しずつリラックスしてきます。

こうした場面で必要な力を試しているのが、パート２「応答問題」です。

具体的な問題形式は、問いかけの英文（設問）を聞いて、それに対する正しい応答を３つの選択肢から選びます。設問も選択肢も、問題用紙には印刷されておらず、耳だけが頼りの問題です。

このパートで測っている力は、「簡単な問いかけを理解して応答できる力」ですから、問題を解く際は、このように聞きます。

①「設問」の音声を、文頭を頭に残すように聞く。
②問いかけの意図を理解する。
③３つの「選択肢」を聞き、応答が成立するものを選ぶ。

①の**設問の音声を「文頭を頭に残すように聞く」が、一番大事なステップです。**理由は、②の「問いかけの意図を理解する」ためには、まず英文の文頭をキャッチする必要がある

からです。文頭の種類から、問いかけの意図を推測できます。

文頭が、疑問詞（Who, Where, What, When, Why など）→「情報を得る」

文頭が、ｂｅ動詞や助動詞（Is, Are, Do, Will, Have など）→「何かを確認する」

文頭が、Why don't you ～？How about ～？といった表現→「提案や依頼をする」

文頭が、主語（I, You, He, Our boss など）の平叙文→「コメントを求める」

もちろん、**文頭が聞き取れただけでは不十分で、肝心な情報はその後にありますから、最後までしっかり聞きます。しかし、リスニング力が不十分だと、聞いているうちに、最初の音を忘れてしまいます。**この音を保持できる力（retention）は、およそＴＯＥＩＣ１００点＝１語です。つまり、９００点であれば、９語まで保持できます。そして、パート２の設問（問いかけ文）も平均９語です。

リテンション力がついてくると、②の「問いかけの意図を理解する」ことが容易になるだけでなく、聞いた瞬間に意図がわからなくとも、頭の中で音声を再生して確認できるようになります。実際のコミュニケーションでは、日本語でも、同僚や上司にいきなり質問されて、何の質問かわからない時があります。そんな時は、頭の中で質問を反復しているはずです。これは、英語でも大事な能力です。パート２でこの力を養いましょう（トレーニング法は、29項）。

対策本では、このリテンション力の不足を補う方法として、**「文頭だけ聞いて、正解を選ぶ」といった指南を見かけます。これは、NGです。**こんな手抜きの聞き方をしていたら、いつまでもリスニング力が向上しません。

リテンション力がつき、質問の意図をつかめるようになってくると、正解の選択肢（音）を聞いて、頭の中に応答の場面（絵）が浮かぶようになります。**パート1で試されている力（音を絵にする）が、パート2で必要な力の土台になっているのです。**

09 高得点を取れる人は、9語以上を保持する！

10 高得点を取れる人は「パート3」で場面をつかみ、取れない人は出だしを聞き逃す。

パート3で測っている能力は、**「会話のテーマと詳細を理解する力」**です。

ここでも、先ほどの海外出張の続きを考えてみましょう。取引先の工場の視察で、担当者が、工場内を案内してくれているシーンでした。工場の見学の後には、会議室でミーティングです。先方は、案内をしてくれた担当者と、工場の担当者、設計部門のスタッフの3名です。

窓口の担当者は、こちらに気を遣ってくれて、時折あなたの理解を確認してくれます。しかし、あとの2名は、自分たちのペースで話しています。最初は、工場の稼働状況についての話でしたが、やがて、今後の生産スケジュール、新製品の仕様、市場の動向などへ、話題が移っていきます。最初は、ゆっくりだった話すスピードも、ずいぶん速くなっていきます。あなたは、ミーティングについていくために、必死に内容を理解しようと努力しています。

こうした場面で必要な力を試しているのが、パート３「会話問題」です。

具体的な問題形式は、２人～３人の会話（放送）を聞いて、問題用紙に印刷された、内容に関する３つの設問（各４択）に解答します。**会話の内容は、ミーティングだけでなく、オフィスや電話での会話など様々です。**このパートで測っている力は、「会話のテーマと詳細を理解する力」ですから、放送を聞く際は、このように聞きます。

①冒頭で、場面（Where）をつかむ。
②誰（Who）の発言かをおさえながら聞く。
③話の結末を聞き漏らさない。

①の**「冒頭で場面（Where）をつかむ」が、一番大事なステップです。**
なぜなら、パート3が苦手な人は、冒頭で重要な情報を聞き逃しているからです。

放送の序盤では、会話している場所（Where）、話し手の職業や所属（Who）に関連するワードが登場します。最初の1語がキーワードの場合もありますから、冒頭から集中して聞くことが必要です。

この段階では、テーマ（何の話か）が鮮明でないことがあります。実際のコミュニケーションでは、日本語でも、「例の件だけど」といった具合に、テーマが明確に示されずに話が始まることがあるのと一緒です。そんな時は、「どこで」「誰が」という情報から、テーマを推測して聞くはずです。これは、英語でも大事な能力です。パート3で、この力を養いましょう。

中盤は、会話が展開する部分で、予想しない方向に話が進むこともあります。2人の会話が中心ですが、3人の会話もあります。内容理解で大事になるのは、「誰が」「何をするか」ということです。登場人物を頭に浮かべながら（実際の会話で、話している人の顔を見ている感じで）、聴くようにすると記憶に残りやすくなります。
終盤では、この後に「どうするか」が示唆されます。ここを聞き逃すのは、ミーティングで最後の決定事項を聞き逃すようなものです。最後までしっかり聞きましょう。

放送を聞いた後に３つの設問に答えます。序盤・中盤・終盤の順に、ここまで説明した会話の流れを把握するのに必要なポイントが中心に出題されます。詳細を尋ねる設問もありますが、**話の流れを押さえることができていれば、簡単な質問ばかりです。**

パート３には、図表付きの問題も登場します。この問題では、放送を聞く前に図表のタイトルなどを見て、何に関する情報かだけを把握しておきます。これは、ミーティング前に資料に軽く目を通すのと同じです。放送が始まったら、音声に集中します。図表に関することが述べられたら、図表を参照して、内容を理解しましょう。

10 高得点を取れる人は、WhereとWhoをつかむ！

11 高得点を取れる人は「パート4」で話の筋を追い、取れない人は内容を覚えようとする。

パート4で測っている能力は、**「アナウンスのテーマと詳細を理解する力」**です。

ここでも、海外出張の続きを考えましょう。取引先の視察で、工場見学後に会議室でミーティングに参加しているシーンでした。約1時間のミーティングが終わり、夕方になりました。朝からの工場見学でぐったりですが、取引先が夕食会を開催してくれると言っています。

夕食会には、先方の取締役が参加しており、あなたの正面の席に座っています。会が始まってすぐに、取締役が歓迎のスピーチに立ちました。あなたは、この後の取締役との会話で感想を話さなければならないと思い、料理にも手をつけず、必死にスピーチを聞いています。

こうした場面で必要な力を試しているのが、パート４「説明文問題」です。

具体的な問題形式は、１人が話す４０秒程度の説明（放送）を聞いて、問題用紙に印刷された、内容に関する３つの設問（各４択）に解答します。**話される内容は、スピーチだけでなく、プレゼンテーション、宣伝、ニュース、留守電に残されたメッセージなど様々です。**

このパートで測っている力は、「アナウンスのテーマと詳細を理解する力」ですから、放送を聞く際は、このように聞きます。

① 冒頭で、目的をつかむ。

② 展開を予想しながら聞く。

③ 話の結末を聞き漏らさない。

②の**「展開を予想しながら聞く」が、一番大事なステップです。**なぜなら、パート4が苦手な人は、漠然と内容を覚えようとしているからです。

会話文（パート3）では、相手の反応によって、話が予期せぬ方向に展開すると説明しましたが、説明文（パート4）では、話の展開の予想が可能です。

スピーチやプレゼンは、時間内に大量の情報を効率よく伝えられるよう、話し手が事前に内容を「結論から詳細へ」という流れで整理しています。ですから、**内容をすべて覚えようとするのではなく、結論をつかんで、展開を予想しながら聞くことで、大事な情報が頭に残ります。**パート4で、この力を養いましょう。

放送の序盤では、パート3同様に、話をしている場所やそれを聞くことができるメディア、話し手の職業や所属、聞き手、話のテーマに関するワードが出てきます。これらから、アナウンスの目的（結論）をつかみ、展開を予想しましょう。

これは、電話を受けた時に、相手の名前を聞いて、「○○の件か？」と要件を予想するのと同じです。例えば、話の目的が、取引先の歓迎であれば、謝辞が続く。商品の説明であれば、特長の説明が続く。何かのツアーであれば、どこを訪問するかの説明が続く。医院からの連絡であれば、予定の変更か、来院の催促が続くといった具合です。

中盤は、説明が詳細に移る部分です。自分の予想を確かめるように聞いていきます。予想がはずれることもありますが、漠然と聞くよりはるかに、内容が理解できます。

終盤では、説明が終結へと向かいます。結論の再提示、今後の行動提示が行われますから、最後まで漏らさずに聞きます。

パート4にも、図表付きの問題が登場します。解き方は、パート3と同様です。

11 高得点を取れる人は、展開を予想しながら聞く！

12 高得点を取れる人は設問を先読みせず、取れない人は注意力散漫になる。

前々項（パート3）、前項（パート4）の説明では、対策本がどのように指南しているかのコメントを省きました。というのも、非常に大事なことなので、ひとつ項目を起こして、しっかりと説明したかったからです。

対策本では、パート3、4の放送を聞く前に、問題用紙に記載されている設問や選択肢を読む、いわゆる「先読み」を指南していますが、これはNGです。

そもそも、この「先読み」のテクニックが登場したのは、TOEICの最初の問題形式の時です（TOEICの問題形式は、2回変更になっています）。この当時のパート3（会話問題）は、現在より放送文が短く、設問が1セットのみでした。

１つの設問と４択の選択肢で、計５文ですから、完全に先読みすることも可能で、設問を覚えている状態で、放送を聞くことができました。つまり、解答に必要な情報だけを選択して聞き取るテクニック（selective listening）が使えたのです。

しかし、問題形式が変更（１回目の改定）され、放送文の長さが長くなり、設問が３セット×４択の選択肢（計１５文）になりました。こうなると、**放送が流れる前に、先読みを終えるのは至難の業です。**設問を読んでいるうちに放送が始まれば、大事な情報が含まれている冒頭部分を聞き逃します。

何とか読み終えても、１５文を覚えていることはできないので（一度読んだだけで１５文を覚えられる人は、瞬間記憶に長けた特別な人です）、引き続き設問を目で確認しながら、放送を聞くことになります。**実際には、読みながら聞くのはできないので**（これができるのは、９００点以上の人です）、**読むことに意識がとられ、情報を聞きもらすことになります。**

先読みをしている人は、自分でＴＯＥＩＣを難しくしています。

1回目の問題形式の改定理由は、2回目と同様に、「よりオーセンティックなテストへの変更」でした。見方を変えれば、より実際的な英語力を測るため、「必要な情報だけ選択して聞き取る方法ができる形式からの変更」をしたということです。

取引先とのミーティングや、取締役のスピーチを聞く際などには、設問も選択肢もありません。実際のコミュニケーションに、「先読み」は存在しないのです。TOEICでも、**普通の聞き方をして、内容を理解できる実力をつけるべきです。**

では、設問はいつ読むべきでしょうか？

それは、放送（問題文）が流れた後です。問題文に続いて、3つの設問が読み上げられますから、それを解答時間の目安として解いていきます。

放送文が流れる前の時間に、設問を見てもかまいませんが、軽く目を通すくらいの感じで、特に覚えようとしないことです。また、放送が始まる前に見るのを止めて、**放送の出だしに集中してください。**

放送文で話される表現の意図を問う設問もありますが、設問に記載の表現を覚えておく必要はありません。**会話や説明の流れをつかむことで解答できます。**

「これまで先読みしてきたから、これを止めるとスコアが下がるのが不安」という人もいるかもしれません。その場合は、**練習問題を使って、先読みしないで解くことに慣れてください。**そのための問題集です。**実際には、先読みしても、しなくても正答率に変化がないことに気づくはずです。**

実は私（山田）も以前は先読みをしていました。特別な対策をしているつもりではなかったのですが先読みして解くものだと思っていたのです。**先読みを止めてみたら１００％リスニングに集中することができ、パート３、４を解くのがとても楽になりました。**先読みを止めると、ストレスなくＴＯＥＩＣが受験できるようになります。

12 高得点を取れる人は、リスニングに集中する！

第3章

こう解く！ TOEIC リーディング 編

山田　治

13 高得点を取れる人は知っている単語から理解し、取れない人は知らない単語で考え込む。

英語は、どのように読むべきでしょうか?

まず、根本的に間違った読み方を説明します。

それは、「英文を日本語に訳す」ことと、「返り読みをする」ことです。

この読み方では、読むスピードが遅すぎて、TOEICリーディング問題を大量に解き残すことになります。**間違ったリーディングの仕方をしていては、いつまで経っても速く読めるようになりません**から、TOEIC受験の際も、練習問題を解く際も、あるべき英語の読み方をしましょう。

目標とする読み方は、

ネイティブ・スピーカーの読み方です。

つまり、**英文を日本語に訳すことなく、英語の語順で（返り読みをすることなく）内容を理解していく読み方です。この当たり前の読み方を、常に実践することが大切です。**

「英語のまま理解できないから、苦労しているのだ」という人は、知らない単語の意味を考えようとしている人です。

リスニングでは、日本語に訳す暇はなく、英文を戻って理解することもできませんから、聞き取れたところから推測する聞き方しかできません（この聞き方が出来ていないという人も、しばらくリスニングを続けると、この聞き方に変わります）。また、知らない単語は雑音と同じですから、自動的に無視され、耳から消えます。

ところが、リーディングでは、知らない単語が、目に残ります。特に、**日本語に訳そうとしている人は、訳せない単語が気になります。**そこで、返り読みをして、前後の意味から、知らない単語の意味を推測しようともがくのです。

「じっくり時間をかけて読んでもいいではないか?」という意見もあると思います。もちろん、たっぷり時間があるなら、どんな読み方をしてもかまいません。しかし、ビジネスで、文書を読むのが遅かったら、どうでしょう? 「事前に配布された資料を読み終わらずに、ミーティングに参加する」「取引先からのメールへの返事が遅れる」「時間内に仕事が終わらず、残業になる」といった結果になります。

そうならないように、TOEICリーディング問題で、英文をすばやく読める力を養いましょう。

では、英文をすばやく読むにはどうしたらいいのでしょう?

まずは、リスニング同様に、**知らない単語を無視することから始めてください。知らない単語を無視して、目を先へ送っていけば、知っている単語が待っています。知っている単語をつなげていけば、リスニング同様に内容を推測することができます。**

といっても、これだけで英文の理解度が飛躍的に上がるわけではありません。

『TOEIC®テスト公式問題集』を確認していただくとわかりますが、**リスニングの語彙は比較的易しく、リーディングの語彙は難易度が高くなっています。**これは、リスニングは口語（話し言葉）で、リーディングは文語（書き言葉）だからです。

知らない単語が修飾語（形容詞・副詞など）であれば読み進められますが、「誰が」「どうした」という文の骨格を示す語句（主語・動詞など）だと、内容を理解するのが難しくなります。ですから、**基本的な語句から増やしていく必要があります。**

また、口語は文が短く、文語は重文・複文が多く、文が長くなります。そのため、単純に知っている単語をつなげるだけでは、文意を理解するのが難しいものが増えます。ここで、**文型を分析したり、返り読みをしたりしては、速く読めません。**後述するネイティブ・スピーカーが実践している読み方を身につける必要があります。

13 高得点を取れる人は、知っている単語で読む！

14 高得点を取れる人は「パート5」は文頭から読み、取れない人は空欄の前後を見る。

ここから、リーディングセクションの3つのパート（4つの形式）に沿って解説をしていきます。

パート5で測っている能力は、**「英文の文意を理解する力」**です。

例えば、海外支社のオフィスで働く場面を考えてみましょう。ミーティングが終わって、自分の席に戻ると、机の上にメモが置いてありました。メモには、「A社から、先日問い合わせをした件の提案書がほしいと連絡があり」と、英語で書いてあります。提案書を作成するには、隣の部署に異動した外国人スタッフの経験が役立ちそうです。さっそく、彼の席に行きましたが、外出中でした。あなたは、「A社に提出する提案書の件でアドバイスがほしいので、戻ったら連絡して」とメモを残します。

こうした場面で必要なリーディング力を試しているのが、パート5「短文穴埋め問題」です。

具体的な問題形式は、1センテンスの英文の中の空欄に当てはまる語句を、4つの選択肢から選びます。

このパートで測っている力は、「英文の文意を理解する力」ですから、問題を解く際も、このように解きます。

① 英文を文頭から読む。
② 空欄を飛ばして文末まで読み、文意をつかむ。
③ 選択肢から、文意に合った語句を選ぶ。

①の**「英文を文頭から読む」が、一番大事なステップです。**

なぜなら、**英文をすばやく読む方法は、文頭から語順通りに読むこと**だからです。

文頭には、「誰が」「どうした」という文の骨格を示す語句（主語・動詞など）が来ますから、ここから理解していきます。「もし～ならば」という条件や、「～なので」という理由を表す節が文頭にくることもありますが、**文頭にくるのは重要な情報**だからです。英文は、常に文頭から理解していきます。

②の「空欄を飛ばして文末まで読み、文意をつかむ」のは、少し違和感があるかもしれません。しかし、同僚からもらったメモの文字が乱れていて、そこだけ読めないこともあります。読めない文字を飛ばすつもりで、空欄を飛ばして、文末まで読み、全体の文意を理解します。

③の「選択肢から、文意に合った語句を選ぶ」では、②で確認した文意に合う語句を選択肢から選びます。ここで、単語・文法の「知識」を使って、4つの選択肢を詳細に分析（間違いの選択肢の理由を考えるなど）していると、時間が足りなくなります。

14 高得点を取れる人は、意味を理解して解く！

リーディング問題をすべて解き終わる人（950点以上）は、パート5を1問20～25秒で解きます。最初からこのスピードを目指す必要はありませんが、このスピード（最終目標タイム）で解くためには、メモが書ける程度のライティング力が必要です。**パート5では、ライティングの能力も間接的に測定しているのです。**

対策本や対策講座では、英文をすべて読んでいると、時間が足りなくなるので、「最初に選択肢を見て、単語の問題か文法の問題かを判別し、空欄の前後を読めばわかる問題は、そこだけを読んで解く」といった指南がされています。

しかし、問題の種類を判別する能力は、リーディング力とは関係ありません。また、空欄の前後だけでなく、その先や全文を読まなければいけない問題が半数程度あります。**問題の分析という余計なことにエネルギーを割かないで、すべて頭から読むほうが楽です。**

15 高得点を取れる人は「パート6」は文脈をつかみ、取れない人は空欄のあるセンテンスだけを読む。

パート6で測っている能力は、**「文章の文脈を理解する力」**です。

先ほどの、海外支社のオフィスで働く場面を考えてみましょう。A社に提出する提案書を作成するために、隣の部署の外国人スタッフにアドバイスをもらおうと思い、彼の机の上にメモを残したシーンです。連絡を待っていると、彼からメールが来ました。

「帰社が遅くなるので、メールで返答します。A社に提出する提案書の作成には、以前にB社に提出した提案書が参考になると思います。ただし、その際に使用した部材は製造中止で、他社の製品に変更が必要です。同種の部材を作っているメーカーは数社ありますが、現在取引があるのはC社です」と書いてあります。

あなたは、彼にお礼のＥメールを送った後、提案書の作成に取りかかります。

こうした場面で必要なリーディング力を試しているのが、パート６「長文穴埋め問題」です。

具体的な問題形式は、１００語前後の文章の中に、４つの空欄があります。それぞれに当てはまる語句や英文を、４つの選択肢から選びます。文章の内容は、Ｅメール（e-mail）や社内連絡（memo）、利用者へのお知らせ（notice）といった、社内で見かける文書です（英文の種類は、問題冒頭の指示文の最後に書かれています）。

このパートで測っている力は、「文章の文脈を理解する力」ですから、問題を解く際も、このように解きます。

① 文章を文頭から読み、テーマをつかむ。
② 空欄をすべて飛ばして文末まで読み、文脈をつかむ。
③ 選択肢から、文脈に合った語句や英文を選ぶ。

①の「文章を文頭から読み、テーマをつかむ」では、英文の冒頭の「誰が、誰あてに（Ｗｈｏ）」「何のために書いたか（Ｗｈａｔ）」を示すワードを見落とさないようにします。例えば、Ｅメールであれば、宛先（Ｅメールアドレス）、件名などです。Ｅメールアドレスの@以降が同じならば、会社内のやり取りです。

②の**「空欄をすべて飛ばして文末まで読み、文脈をつかむ」が一番大事なステップです。**なぜなら、パート６が苦手な人は、文章をすべて読んでいないからです。

パート５同様に、空欄を飛ばして読むのには、違和感があると思いますが、**飛ばして読んでも、文脈（各センテンスの意味上のつながり）がわかります。**

対策本では、「１問ずつ選択肢を見て、空欄のあるセンテンスを読んで解く（マークシートを塗りつぶす）。そのセンテンスだけでは判断できない場合は、次のセンテンスを読む」といった指南がされています。しかし、空欄のたびに、思考を止めて選択肢を選んでいたのでは、文脈をつかめません。特に、英文（１センテンス）を選ぶ問題で苦労することになります。**全文章を一気に読んでしまったほうが楽です。**

１００語前後の文を一気に読むには、**単語ごとに意味を理解するのではなく、**ネイティブ・スピーカー同様に、「誰が」「どうした」「何を」「どこで」「いつ」「何のために」といった**意味のかたまり（チャンク）で理解することが必要です。**この力をパート６で養いましょう（トレーニング法は、３３項）。

③の「選択肢から、文脈に合った語句や英文を選ぶ」では、②で確認した文脈に合う語句や英文を順に選んでいきます。９５０点以上の人は、１セット２分で、英文を読み、４つの設問の選択肢を選びます。このスピードで解くためには、Eメールが書ける程度のライティング力が必要です。

15 高得点を取れる人は、チャンクで読む！

16 高得点を取れる人は「パート7S」は文書目的の把握から始め、取れない人は設問を読むことから始める。

パート7「読解問題」は、文書を読んで4択の設問を解く問題です。文書が1つの問題（single passages）と、文書が2～3つある問題（multiple passages）があります。本書では、前者を「7S」、後者を「7M」と表記しています。

パート7Sで測っている能力は、**「文書のテーマと詳細を理解する力」**です。

ここでも、海外支社のオフィスで働く場面を考えてみましょう。A社に提出する提案書を作成するために、隣の部署の外国人スタッフに相談したところ、部材についての検討が必要なことがわかったというシーンでした。

あなたは、さっそく現在取引のあるC社に連絡し、部材のカタログをメール添付で送るよう依頼しました。あなたは、届いたカタログを読んでいます。

こうした場面で必要なリーディング力を試しているのが、パート7S「読解問題（1つの文書）」です。

具体的な問題形式は、1つの文書を読み、2~5つの設問（各4択）に解答します。文書の内容は、Eメール、社内連絡、利用者への告知、チャット（text message chain）、フォーム（form）、広告（advertisement）、記事（article）、レビュー（review）などです。

このパートで測っている力は、「文書のテーマと詳細を理解する力」ですから、問題を解く際も、このように解きます。

①文書を文頭から読み、テーマをつかむ。
②常識を活用しながら、文末まで読む。
③設問を読み、文書の内容に合っている選択肢を選ぶ。

①の「文書を文頭から読み、テーマをつかむ」では、文書の種類を確認してから読み始め、文頭から、第1段落の終わりくらいまでに、「誰が、誰あてに（Who）」「何のために書いたか（What）」をつかみます。**文書のデザインを見ると、文書の種類はだいたい分かりますが、問題冒頭の指示文の最後にも表記されていますので、確認しておきましょう。**

②の**「常識を活用しながら、文末まで読む」が一番大事なステップです。**

なぜなら、パート7Sが苦手な人は、問題文を文書として読んでいないからです。

パート7の問題文は、仕事をしている社会人であれば、誰もが目にする文書ばかりです。**英語だから難しいと感じているだけで、文書の内容そのものが難解なのではありません。**ですから、「誰が、誰あてに」「何のために書いた」「どんな種類の文書」かが分かれば、**常識の助けを借りて、読み進めることが可能です。**

例えば、「C社が、取引先あてに」「部材の紹介のために書いた」「製品のカタログ」であれば、常識的に「製品の特長」「仕様や性能」「価格」「問い合わせ先」などが書かれていると推測して読み進めることができます。

推測して読むことで、理解が容易になるだけでなく、重要な内容が頭に残りやすくなります。日本語であれば、同じ分量の文書を一度読んだだけで、重要な内容を覚えていられるのと同じ原理です。この力を、パート7Sで養いましょう。

③「設問を読み、文書の内容に合っている選択肢を選ぶ」は、文書をすべて読んでから、設問を解くということです。950点以上の人は、設問数×1分で（設問が3問の問題であれば3分で）、文書を読み、選択肢を選びます。

対策本では、先に設問を読むよう指南していますが、**文脈のない設問の「英文」を覚えるより、文脈のある本文の「内容」を覚えるほうがはるかに楽です。**

16 高得点を取れる人は、常識を活用して読む！

17 高得点を取れる人は「パート7M」は文書の関連性をつかみ、取れない人はやみくもに文書を読む。

パート7Mで測っている能力は、**「複数文書の情報を整理する力」**です。

引き続き、海外支社のオフィスで働く場面を考えてみましょう。A社に提出する提案書を作成するために、C社に連絡し、部材のカタログを送ってもらったシーンでした。カタログを調べたところ、性能は要求を満たしていますが、価格が少し高いことがわかりました。そこで、C社と値引き交渉をする材料として、初回の発注量を増やすことができないか、A社にメールで問い合わせをしました。合わせて、これまで取引のなかったD社にも連絡して、カタログを送ってもらうことにしました。

次の日、あなたは、C社のカタログ、A社からのメールの返事、D社のカタログを比較して、A社に提出する提案書を検討しています。

こうした場面で必要なリーディング力を試しているのが、パート7M「読解問題（複数の文書）」です。

具体的な問題形式は、2~3つの文書を読み、5つの設問（各4択）に解答します。文書が2つの問題が2セット（10問）、文書が3つの問題が3セット（15問）です。英文の内容は、パート7Sと同様です。

このパートで測っている力は、「複数文書の情報を整理する力」ですから、問題を解く際も、このように解きます。

① 1つ目の文書を読み、テーマと詳細をつかむ。
② 関連を確認しながら、残りの文書を読み、テーマと詳細をつかむ。
③ 設問を読み、文書の内容に合っている選択肢を選ぶ。

①の「1つ目の文書を読み、テーマと詳細をつかむ」では、パート7S同様に、文書の種類を確認してから読み始め、文頭から、第1段落の終わりくらいまでに、「誰が、誰あてに（Who）」「何のために書いたか（What）」をつかみます。続いて、常識を活用しながら、文末まで読みます。

②の**「関連を確認しながら、残りの文書を読み、テーマと詳細をつかむ」が一番大事なステップです。なぜなら、パート7Mが苦手な人は、文書の関連性を理解して読んでいないからです。**

パート7Mの文書は、互いに関連性のある文書です。例えば、「取引先に送ったメール／取引先からの返信メール／返信メールの添付ファイル」です。あるいは、「商品の注文サイト／注文フォーム／受注の確認メール」といった具合です。

「誰と誰のやり取りか」「何の話を進めているのか」「どの順序で起こったのか」といったことを意識しながら、複数の文書を読んでいくと、情報が整理され、内容の理解が容易になり、重要な内容が頭に残りやすくなります。

文書の数が複数になることで、ものすごく難しくなる印象があるかもしれません。しかし、**複数文書の情報を整理する力は、日本語でなら普通に行える能力です。**英語でもできるように、パート7Mで、この力を養いましょう。

③の「設問を読み、文書の内容に合っている選択肢を選ぶ」は、複数の文書をすべて読んでから、設問を解くということです。950点以上の人は、1セット5分で、複数の文書を読み、5つの設問の選択肢を選びます。

対策本では、パート7Mでも、先に設問を読むよう指南していますが、5つの設問×4つの選択肢（計25文）を覚えるのは不可能です。結局、設問と本文を何度も往復することになります。**複数の文書をすべて読んでから、設問を解くほうが楽です。**

17 高得点を取れる人は、情報を統合する！

18

高得点を取れる人はパート5・6・7の順に解き、取れない人は順番を変えてスコアダウンする。

リーディングセクションではほとんどの受験者が問題をやり残します。スコアが800点、900点以上になってもそうです。各パートの解説で述べた通り、**しっかりと理解しながら、最後まで解けるのは、950点以上になってからです。**

その理由は、**読むスピードそのものが実力**だからです。

ですから、速読スピードを上げる練習をするわけです。

実力がつくと、問題のやり残しが減り、スコアが上がります。

しかし、対策本では、「やり残しを減らすために、時間をかけて考えれば解けるパート7から解き、残り時間が20分になったら、考えても知識がなければ解けないパート5、6の順で解く」といった指南がされています。

順番を変えて解くことは禁止されていませんが、得策ではありません。

先日、「スコアが、１００点も落ちた」という相談を、スクール生から受けました。詳しく聞いてみると、「パート7が解き終わらないので、今回は先に解き、パート5を最後に解いた」のだそうです。パート5の体感を聞くと、「テストの終了時間が気になり、いつもより速いペースで解こうと焦っていた」と言います。

リーディングセクションは、「パート5→6→7S→7M」の順に難易度が上がる設計です。**難易度が上がるということは、読むのに時間がかかるということです。**これまで、比較的易しい問題に時間をかけて解いていた人が、読むのに時間がかかるパートに時間をかけて、易しい問題にかける時間を減らしたらどうなるでしょう？

当然、実力以下のスコアになります。ＴＯＥＩＣの測定誤差（５０点）の幅を越えて、スコアが下落する人の多くは、これが理由です。**テストの設計を無視して、問題を解く順番を変えても、逆効果なだけです。**さらに、問題を解く順番を変えれば、マークの順番を間違える危険性も高まります。

対策本の「パート7は、時間をかけて考えれば解ける」という解説にも、無理があります。パート7Sでは、最初の問題（2つの設問）から、最後の問題（5つの設問）に進むにつれて、難易度がどんどん上がっていきます。**少しくらい解く時間を増やしても、速読スピードが足りなければ、解ける問題数はさほど増えません。**

また、「パート5、6は、考えても知識がなければ解けない」という解説には、「選択肢を見て、知らない単語ばかりだったら、考えても解けないからパスする」という説明が続くのですが、**選択肢に難易度の高い単語だけが並ぶ問題は、パート5の最後の数問くらい**です。まして、パート5の短文（1文）ですら、英文を読むのをパスしている人に、パート7の長文が読めるはずがありません。

リーディングセクションは、パート順に解くのが一番です。

ここまでの説明通り、**リーディングセクションでは、すべてのパートで、最初に問題文を一気に読みます。**読む量は、「短文」「長文」「1つの文書」「2~3つの文書」と増えていきます。**パート順に解けば、「短文」のパート5が、ウォーミングアップになります。**

ここをテンポよく読んでリズムに乗り、読むスピードを上げていくのです。

これは、仕事をこなす順序にも似ています。仕事は、「メモの処理」「Eメールの処理」「資料を読む」「複数の資料を読んで情報を整理する」といった具合に、簡単なものから始めて、時間がかかるものに進む人が多いはずです。**仕事で慣れている順番で解けば、まさにTOEICがビジネス英語の練習試合になります。**

なお、前述の通り、問題を解き終わるのは９５０点以上ですから、それ以下では、**解き終わることではなく、解き残しを減らすことを目標にすべきです。**また、初級者の方ほど、易しい前半パートに時間をかけるべきです。事前に練習問題で各パートを解く時間を測り、そのペースを目安に受験してください。実力は、受験前の練習でつけるもので、試験当日に、いきなり実力以上のことをしようとすると失敗します。

18 高得点を取れる人は、短文でウォーミングアップする！

第4章

こう伸ばす！英語力
学習戦略　編

鹿野晴夫

19 高得点を取れる人は学習戦略を新たにし、取れない人は過去の方法に固執する。

第2章・第3章では、TOEICの各パートが測っている力を説明しました。TOEICを受験する時、練習問題を解く時には、こうしたポイントを意識することで、ビジネスに通用する英語力を磨くことができます。

だからと言って、練習問題を解くことが学習のすべてではありません。問題形式の確認や、英語力の定着の確認に、練習問題を解くことは良いことですが、**練習問題を解いただけで実力がアップするわけではありません。**

実力アップには、基礎力の養成が必要です。

英語の基礎力は、「スピード処理力」（速読速聴力）と

「即応力」（表現のストック量）です。

ＴＯＥＩＣを受けて、「リスニングのスピードについていくのが大変」「リーディングの問題が最後まで読み終わらない」のは、「スピード処理力」が不足しているのが原因です。「パート５（短文穴埋め問題）で、答がすぐに浮かばない」のは、「即応力」が不足しているのが原因です。

こう説明をすると、「英語の基礎力は、単語・文法ではないのか？」と質問を受けます。確かに、英語の基礎は、単語・文法です。だから、中学・高校で学んだわけです。そして、**中学高校の単語・文法の知識が身についていれば、ＴＯＥＩＣで860点を取ることが可能です。**ところが、大学１年生のＩＰテストの平均点は、４２０点前後にすぎません。

問題は、中学高校で６年間勉強しても、英語の基礎が身についていないことなのです。ここで言う、「身につく」とは、「考えればわかる」（知識レベル）ということではありません。「すぐにわかる」「使える」（スキルレベル）ということです。

＜学校で習う単語で取れる TOEIC スコア＞
中学３年生まで（約 1,000 語）　470 点
高校１年生まで（約 1,500 語）　600 点
高校２年生まで（約 2,000 語）　730 点
高校３年生まで（約 3,000 語）　860 点

＜実際の TOEIC スコア＞
大学１年生　４２４点
新入社員　　５００点
※ 2014 年度 IP テストの結果

ＴＯＥＩＣは、英語によるコミュニケーション能力（スキル）を測るテストです。

実際のビジネスでは、ネイティブ・スピーカーに普通のスピードで話しかけられて、すぐに返答できることが必要です。あるいは、英語のメールを受け取って、さらっと読んで、さっと返事が書けることが必要です。

そのため、**ＴＯＥＩＣは、リスニング問題の音声スピードも、リーディング問題を解くのに必要な速読スピードも、大学入試センター試験より速い設定です。**これが、中学高校の知識が比較的残っている大学1年生でも、十分に実力を発揮できない理由です。

大学生でも、外国人に質問をされると「速くて聞き取れない」（スピード処理力不足）、聞き取れても「すぐに返答できない」（即応力不足）のと同じ現象です。

ですから、TOEICに対応するには、新しい学習戦略が必要です。

これは、学校で学んだ知識が無駄と言うことではありません。「脳を鍛える大人のDSトレーニング」でも有名な東北大学の川島隆太教授によれば、「人間は一度見聞きしたことをすべて脳の中に格納している」のだそうです（先生には、10冊以上の本の監修をしていただいています）。

「知識すら忘れてしまった」という方も、脳科学の原理も活用したトレーニングを実践することで、知識を思い出しながら、スキルとして定着させることが可能です。

19 高得点を取れる人は、受験勉強から卒業する！

20 高得点を取れる人はトレーニングを始め、取れない人は勉強を始める。

英語の基礎力である「スピード処理力」（速読速聴力）と「即応力」（表現のストック量）の習得に必要なことは、「勉強」ではなく、「トレーニング」です。


「勉強」は、暗記をして知識の定着を目指すことです。

「トレーニング」は、反復練習をしてスキルの習得を目指すことです。


この際に注意していただきたいことがあります。

それは、**暗記してから、反復練習するのではない**ということです。トレーニングによって、「知識をスキルに転化させる」ことが可能です。加えて、「忘れてしまった知識を思い出して、スキル化する」こと。「知らない知識を吸収しながら、スキル化する」ことが可能です。

当然、後者になるほど、反復練習の回数が必要ですが、まず勉強する必要はなく、すべて

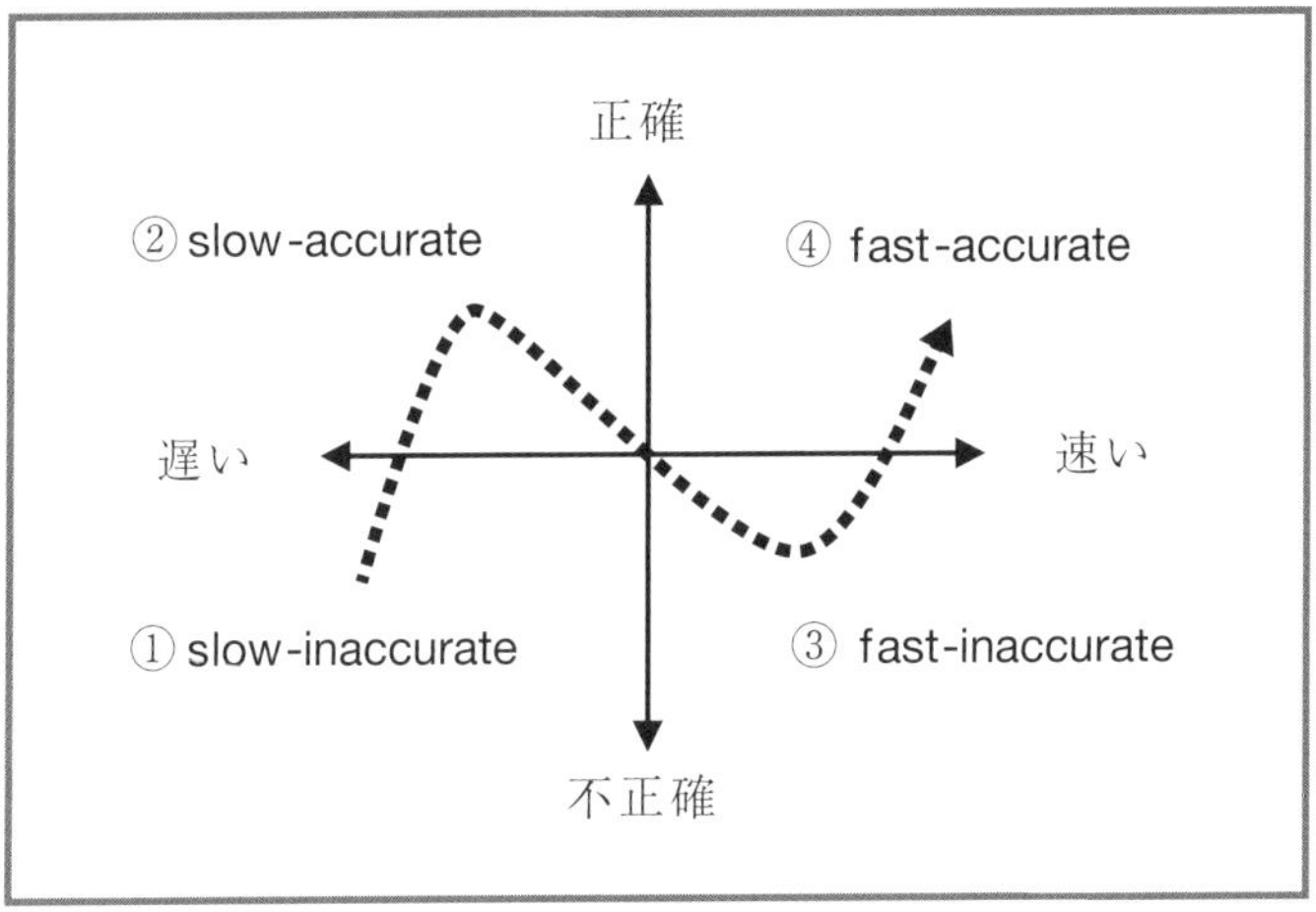

トレーニングで大丈夫ということです。

表は、スキルの習得課程を表しています。

学習内容の定着は、ゆっくり行っても不正確な状態（①）からスタートします。何度か学習することで、ゆっくり行えば正確な状態（②）になりますが、このままではＴＯＥＩＣのスピードについていけないか、スピードについていこうとすると不正確な状態（③）になります。

これを、**スピードについていける（④）にすることがトレーニングの目標です。その方法は、スキル化されるまで、繰り返し練習すること（反復練習）です。**

「反復練習の重要性はわかるが、時間がかかるのでは？」

という疑問が聞こえてきそうです。

確かに、少し時間がかかります。しかし、時間をかけるメリットがあります。前項で、「中学高校で6年間勉強しても、英語の基礎が身についていない」と書きました。一方で、**学生時代に覚えて、今でも忘れていないものもあるはずです。**

例えば、掛け算の九九は、どうでしょう？　一の段から始めて、最初はゆっくりでも間違いますが、繰り返し練習することで、速く・正確にできるようになったはずです。そして、今でも覚えていて、すぐに使える。掛け算の九九は、70才になっても、80才になっても、小学校の時に覚えたのと同じ速さで出来るのです。

英語学習も、同じ原理で行えば、「覚えては忘れ」を繰り返さずにすみます。

記憶の原理はこうです。

反復練習によって、脳に繰り返し同じ情報を通します。すると、脳の神経線維の一本一本が太くなり、かつ、その数が増えます。同じ刺激を何度も加えると、その情報を処理する回路が太くなり、情報を速く通せるようになります。

そして、**これで十分だと思った時点より、更に繰り返すと神経線維に壊れないネットワークが完成し、忘れなくなります**（over learning）。

脳神経線維を太くするには、刺激の数と種類が多いほど効果的です。読む（目）、聞く（耳）という受信行為による知的記憶（intellectual memory）では、脳機能のごく一部しか活性化しません。これに、話す（口）、書く（指）という発信行為を加え、４器官を機能的・立体的に使うと、運動記憶（motion memory）になり、言語機能が１００％活性化します。

20 高得点を取れる人は、反復練習をする！

21 高得点を取れる人は「話す・書く」を同時に伸ばし、取れない人は「聞く・読む」さえ伸びない。

前述の通り、長期記憶を作るには、受信行為（聞く・読む）に、発信行為（話す・書く）を加えて、4技能を使う反復練習が効果的です。

これは、記憶に良いだけでなく、英語を使えるようになるために不可欠です。

第1章で述べた通り、「聞く・読む」だけを学習しても、「話せる・書ける」ようにはなりません。**ビジネスで使える英語力がほしいなら、リスニング・リーディングのTOEICを受験するのであっても、4技能を使って学習すべきです。**

「2技能の学習でも大変なのに、4技能の学習などできない」

という反論がありそうです。

確かに、４技能を別々に学習していたのでは、時間がいくらあっても足りません。大丈夫です。ＥＴＳの調査でも明らかなように、**４技能には関連性があるのです。この関連性を理解すれば、４技能をまとめてトレーニングできます。**具体的な練習方法は、第５章・第６章で紹介しますので、ここでは概略だけを説明します。

「聞く」力をつける一番の方法は、

聞こえなかった英文を、文字を見ながら、

意味（単語・文法）を確認した後で、

聞こえた通りに、「話す」こと（音読）です。

音読は、話す相手のいる「会話」ではありませんが、**音読する中で覚えた表現（コロケーション）は、実際の会話で使えますから、「話す」力がつきます。**

「話せる」表現は、ある程度「書く」こともできます。
そして、ＴＯＥＩＣの単語・文法問題（パート５・６）でも、
考えずに解ける問題が増えます。

更に、音読する際に、
意味のかたまり（チャンク）を意識すると、
英文を黙読しても（音読しなくとも）、
訳さずに、チャンク単位で意味が取れるようになり、
「読む」力がつきます。

もともと人間が使う言葉ですから、
４技能は関連していて当たり前です。
ですから、一緒に身につけられるのです。

４技能をまとめてトレーニングする学習法に対比するのは、「単語を暗記し、文法を勉

強して、練習問題を解く」学習法です。この方法では、ナチュラルスピードで、「聞く・読む」練習が決定的に不足しますから、ＴＯＥＩＣには向きません。また、こうした学習方法がつまらなくて、英語が苦手になったという方も少なくないはずです。

それでも、この方法が得意で、ＴＯＥＩＣで高得点を取る人がいるのも事実です。しかし、「高得点を取っても、話せない・書けない」ので、そこから「話す・書く練習をする」ことが必要になります。

結局のところ、**ビジネスで英語を使いたいなら、４技能を一緒に身につけるほうが早い**のです。また、学習法が日本語を覚えた方法と同じなので、「学生時代のような勉強はとてもできない」という方でも、簡単に実践できます。

21 高得点を取れる人は、４技能をバランス良く伸ばす！

22 高得点を取れる人は基礎トレを日課とし、取れない人は問題集を日課とする。

ＴＯＥＩＣの問題を解くだけではなく、基礎力の養成が必要だと書きました。

しかし、企業研修などで、受講者に聞いてみると、多くの人が練習問題を解くだけの学習です。

これが、英語学習をつまらなくしています。

現在６００点未満の人であれば、練習問題を解いても、間違った問題のほうが多いはずです。正解が９割以上であれば、手応えを感じてモチベーションが上がるかもしれませんが、それ未満であれば、やる気が下がります。

間違えた問題は、解説を読むことになるわけですが、そこには、正答の理由だけでなく、他の選択肢がなぜ間違いかが書いてあります。読み続けると、自分が忘れてしまっていたこと、知らなかったことの多さに気づき、「こんな細かいことまで覚えないと英語ができるようにならないのか」と、絶望的な気持ちになるかもしれません。

問題を解いても正答率が低いのは、英語の基礎力が不足しているからです。

基礎力は、間違った問題の解説を読んでも身につきません。

ですから、**練習問題を解くだけの学習は、非効率です。**

やはり、日課とすべきは、「スピード処理力」（速読速聴力）と「即応力」（表現のストック量）を身につける基礎トレーニングです。

ＴＯＥＩＣは、こうした基礎力が、ビジネス場面でどの程度使えるかを、各パートの問題形式で試しています。ですから、**問題を解くのが重点ではなく、基礎力を上げることが重点**でなければなりません。

もちろん、これから初めてTOEICを受験するという人は、問題形式に慣れるために、毎日問題を解いてかまいません。

しかし、**問題形式に慣れたら、練習問題を解くのは、週に1度くらいにして、残りの日は、基礎トレを行ってください。**野球で言えば、試合形式の練習は、週1回で、残りの日は、素振りやランニングをしているイメージです。

ここで、注意してほしいのは、毎日の素振り（基礎トレ）の際も、週1度の試合形式の練習（練習問題）の際も、漠然とやらずに、学習の目的を意識することです。

練習問題を解く際は、ビジネス場面で必要な英語力（第2章・第3章）を意識してから、解くこと。解説を読んで終わりにせず、弱点補強のための復習をすること（トレーニング法は、３０項、３６項）がポイントです。

そして、基礎トレをする際も、練習問題を解いた際に確認した「ビジネス場面で必要な英語力」を意識して練習することが大事です。

英語力を伸ばす作業は、山を高くする作業に似ています。

高く積もうとばかり考えても、

土台が大きくなっていないと、積み上がりません。

練習問題を解くことに時間をかけすぎずに、

基礎力をつける（土台を大きくする）ことに時間をかけましょう。

22 高得点を取れる人は、英語力の土台を大きくする！

23 高得点を取れる人は音読用のテキストを使い、取れない人は音読すらしない。

英語の基礎力を上げるには、良質なインプットが必要です。その方法は、英文を「音」「文字」「意味」を伴ってインプットすることです。

聞くだけ（音だけ）のインプットでは、知らない単語は聞き取れず、意味を推測する余裕もありませんから、まさに「聞き流す」だけで、ほとんど力はつきません。また、知っている単語でも、英語の音は変化し、文字通りには読まれませんから、英文を見ずに聞いているだけでは、リスニング力は向上しません。

読むだけ（文字だけ）のインプットは、英文の知っている単語から、知らない単語の意味を推測できる分、聞くだけよりは効果があります。しかし、推測だけでは、不正確か間違った理解になる危険性があり、リーディング力向上の効果は限定的です。また、当然ですが、英語の音を覚えることができません。

ですから、**良質なインプットのためには、ＣＤなどの音声（音）、英文（文字）、日本語訳と解説（意味）がセットになっているテキストが必要です。**

「日本語訳は見ないほうがいいと聞いたのだが？」と質問を受けることがあります。

これは、英語を英語のまま理解する習得法（ダイレクトメソッド）から来る質問です。この習得法は、必ずしも間違いではありませんが、海外で暮らす（留学する）など、ネイティブ・スピーカーと常時コミュニケーションできる（理解や間違いの修正を助けてもらえる）環境が必要です。自己学習では困難です。

もちろん、「初めての英文を聞いたり、読んだり、ネイティブ・スピーカーと会話することが無意味」ということではありません。ＴＯＥＩＣの練習問題を解くのと同様に、英語の基礎トレをメインにして、サブの学習として行うのが効果的です。

基礎トレ用のテキストは、次の①〜④を満たしていれば、何でもかまいません。

①音　→　ナチュラル・スピード（160〜180語／分）の音声（CDなど）
②英文　→　語彙レベルが大学受験〜TOEICレベル（3700語）のもの
③意味　→　日本語訳、単語・文法の解説があるもの
④その他→　重要表現やチャンク表記（33項）があるとベター

何でもいいと言われても困るという人は、ひとまず、『TOEIC®テスト公式問題集』パート3、4を使って、第5章の方法を実践してください。同様に、パート7を使って、第6章の方法を実践してください。

これで、TOEICの英文の難易度が分かりますから、あとは、書店の語学書のコーナーで、テキストを吟味してください。**英語の基礎力を上げる練習用ですから、タイトルにTOEICとついている本である必要はありません。**音読用のテキストや、NHKテキストでも良いでしょう。

英語が苦手で、久々に学習をするという方は、ＴＯＥＩＣよりやさしい英文のテキストから始めて、ステップアップしてもかまいません。

基礎トレ用ですから、ＴＯＥＩＣに役立つというより、**毎日練習しても良いと思える（飽きない）内容かどうかがテキストを選ぶ基準です。**我々がスクールや通信講座で使用しているオリジナルテキストも、内容重視で作成しています。

テキストの使用は、**1日1英文を使っての練習が基本です。1回の練習は、10～30分以内。1つの英文を、2～3回練習して、3ケ月程度で1冊を終えるペースです。**

もちろん、音読してみたら、「英文の内容がつまらなかった」「ＣＤの音声が気に入らなかった」ということもあります。そんな時は、3ケ月を待たずにテキストを変えてください。**自分に合った道具を選ぶのも、練習のうちです。**

23 高得点を取れる人は、軸となるテキストがある！

24 高得点を取れる人は学習バランスを考え、取れない人は関連性なく学習する。

ここまで、「TOEIC練習問題」「テキストを使った基礎トレ」について述べました。この2つを組み合わせて、学習していくわけですが、高得点を取れる人は、もう1つ工夫があります。

それを説明する前に、ここまでの復習です。

英語力を上げるには、まず基礎力を上げる必要があります。それが、「テキストを使った基礎トレ」です。基礎トレで身につけた力を、実際のビジネス場面での応用力に変えるのが、「TOEIC練習問題」です。

しかし、これだけでは、「ビジネス場面での応用力を養う練習としては不十分」という意見が聞こえてきそうです。もちろん、その通りです。毎日、仕事で英語を使っている人は別ですが、そうでない人は、**学習に慣れてきたら、応用力を養うのに不足する部分を「それ以外の学習」で補う必要があります。**

1つは、「話す・書く」の実践をすることです。
もう1つは、「英語素材を使った学習」を実践することです。

英語素材を使った代表的な学習には、「洋画」「ニュース」（31項）、「英字新聞」（37項）、「洋書」（38項）などがあります。こう説明すると、「ビジネスで使うのなら、ビジネス英語のテキストが一番では？」という疑問があると思います。

本書では、ビジネス場面で英語を使うことを指して、「ビジネス英語」としていますが、これはビジネスにしか使わない英語があるという意味ではありません。もちろん、ビジネスに便利な表現がありますから、こうした表現を集中的に学ぶ目的で、ビジネス英語の表現集を使うのは悪くありません。

一方で、こうした表現こそ、ＴＯＥＩＣ練習問題にたくさん載っていますし、洋画や洋書のビジネスシーンや英字新聞にも登場しますから、専用の表現集がなくても大丈夫です。

しかも、**実際のビジネスで難しいのは、定型表現を使いこなすことではなく、ミーティング前やランチで雑談することです。ＴＯＥＩＣに登場するテーマや語彙だけでなく、様々な話題と表現に慣れておくほうが、実際のビジネスに役立ちます。**

少し話しが変わりますが、「練習した英文は聞き取れるようになったが、初めての英文は聞き取れない」という質問をいただくことがあります。

練習した英文が聞き取れるようになったわけですから、聞き取れる英文を更に増やしていけばいいだけのことです。しかし、「本当に力がついているのか」と不安になる気持ちはわかります。そこで、基礎トレに加えて、練習問題を解き、英語素材（洋画・ニュースなど）を聞くわけです。初めての英文の中に、基礎トレで練習した語彙や表現が登場して、聞き取れる割合が増えていくことが実感できます。

練習したものが、練習していないものに登場して、それを理解できたときに、記憶が定着するのです。これが「わかる語彙」を増やす基本です。

「単語を増やすには、同じもの（単語集やテキスト）の反復が効果的ではないか？」と思われるかもしれません。しかし、辞書を引くと、ひとつの単語には、複数の意味が載っています。原義が一緒でも、文脈によって意味が異なるためです。文脈（文章）ごとに意味が違うのですから、反復だけでは、完全には習得できません。そこで大事になるのは、**練習したものと違うニュアンスで使われている英文にふれることです。**

様々な文脈で同じ単語に接していると、言葉の原義が自然に身につき、自分でも使えるようになります。これが、「使える語彙」を身につける王道です。

24 高得点を取れる人は、学習効果を最大化する！

第5章

こう伸ばす！英語力
リスニング 編

山縣画児

25 高得点を取れる人は速い英語を聞き、取れない人は遅い英語を聞く。

ここからは、リスニング力アップのトレーニング方法を紹介します。

まず、リスニング力アップのためには、**毎日、英語を聞くことが基本です。**

そして、聞く英語は、ナチュラル・スピードの英語です。

ナチュラル・スピードの英語は、ネイティブ・スピーカーが自然に話すスピードの英語（160〜180語／分）で、TOEICリスニング問題もこのスピードです。

「速い英語だと聞き取れない」という理由で、不自然にゆっくりと話された音声や、機械的に遅くした音声を聞く人がいます。しかし、**遅い英語を聞いていては、いつまで経っ**

ても、リスニングできるようにはなりません。

とはいえ、リスニングが非常に苦手な人は「VOAスペシャル・イングリッシュ」など、明瞭に読まれた英語を聞くことから始めて、ステップアップしてもかまいません。

ただし、聞き方を間違えないことです。間違った聞き方とは、第2章で説明のように、「聞きながら英文（文字）を思い浮かべる」ことと、「その英文を日本語に訳そうとすること」です。

ですから、英語を聞いて、英文を思い浮かべ、日本語に訳そうとしてしまう人ほど、**実力より1レベル上の速い英語（ナチュラル・スピードの英語）を聞くこと**をおすすめします。速い英語では、訳すことが不可能だからです。

ナチュラル・スピードの英語を聞いて、行うことは、「聞き取れた音をつないで、頭に絵を描く」ことです。例えば、次ページの英文を聞いて、太字になっている箇所が、耳に残った（聞き取れた）とします。

M: **Excuse** me, ma'am, **do you know** how to get to Central **Station**?

W: I'm **sorry. I don't know** the way around there. I'm just here for sight-seeing.

一般的に強く発音される内容語	
名詞、動詞、形容詞、副詞、数詞	
一般的に弱く発音される機能語（例）	
冠詞	a, an, the
前置詞	in, on, at
人称代名詞	I, you, he, she, they
不定詞	to
助動詞	can, may, will, should
接続詞	and, but, or, so, that, if
関係詞	that, who, which
状況によって強く発音される機能語（例）	
指示代名詞	this, that, these, those
短縮形の助動詞	don't, doesn't, isn't

この聞き取れた音（単語）から「男性が駅への行き方を尋ねたけど、尋ねられた女性は行き方が分からなかった」という絵（場面）を頭に描く（イメージする）のです。これが、リスニングの基本です。

もちろん、すべて聞き取れることが最終目標ですが、まずは、聞き取れたところから推測しましょう。

英語は、この推測がしやすい言語です。というのは、英語を話す際は、英文の内容を伝えるための単語（内容語）を強く読み、文を構成するために必要な単語（機能語）は強く読まないからです。

内容を伝えるための単語を強く読んでくれるのですから、ここを聞き取って、つなげていくことで、ある程度の内容が理解できるというわけです。

25 高得点を取れる人は、1レベル上の英語で耳を鍛える！

26 高得点を取れる人は聞き取れない英語は音読し、取れない人はいつまでも聞き続ける。

聞き取れない英語を聞き続けるよりも、テキストを開いて、音読するのが効果的です。

「リスニング力アップのためには、毎日、英語を聞くことが基本です」と説明しましたが、「同じ英文を聞き続けていれば、聞き取れなかったところが、自然に聞き取れるようになってくる」ということではありません。

聞き取れなかった部分は、何度聞いても聞き取れません。

では、聞き取れるようにするには、どうしたら良いのでしょう？ ここで、「聞き取れなかったのは、知らない単語だから、単語を暗記しよう」と考えるのは早計です。

ＴＯＥＩＣのリスニング問題に登場する単語と、文部科学省の検定教科書で登場する単語を比較すると、９０％適合します。「ホントかな？」と思われた人は、『ＴＯＥＩＣ®テスト公式問題集』で、放送文（スクリプト）の知っている単語にマーカーを引いてみてください。知っている単語が多いことが実感できるはずです。

知っている単語が多いのであれば、知っている単語を聞き取れるようにして、それをつないで理解することを先行するのが得策です。知らない単語を覚えるより、はるかに簡単です。では、知っている単語が聞き取れないのは、なぜでしょう？

知っている単語が聞き取れないのは、
「文字」を知っていても、正しい「音」を知らないからです。

知らない「音」は、雑音として無視されますから、聞き取れません。そして、聞き取れていないので、何度聞いても正しい音を覚えられないのです。

聞き取るためには、知っている「文字」と結びつけて正しい「音」を覚える必要があります。
だから、音読が必要なのです。

音読の仕組みは、こうです。

テキストを開いて、英文を見ながら、CDなどで、
①ネイティブ・スピーカーが音読した音声を聞く。
②その音声を真似て、自分で音読する（③同時に、自分の音読の音声を聞く）。

音読をしている時、脳では次の作業が行われます。

①ネイティブ・スピーカーが音読した音声を聞き、
　その情報を「ウェルニッケ中枢」（理解脳）に送る。

②聞いた音を真似て音読することで、
「ウェルニッケ中枢」に入れた情報を、「ブローカ中枢」（運動脳）に送る。

③音読した自分の音声を聞き、
その情報を「ウェルニッケ中枢」に送り、
最初に聞いた音（ネイティブ・スピーカーの音）と照合する。

最初は、ネイティブ・スピーカーが話す「正しい音」を上手に再現できませんが、**何度も繰り返して音読することで、正しい音を再現できるようになります。**これが、正しい音を覚える方法です。

26 高得点を取れる人は、すぐに練習する！

27 高得点を取れる人は表現になじむことから始め、取れない人はいきなり暗記しようとする。

単語の暗記を始めるよりも、知っている単語を活かして、表現を増やすのが効果的です。

TOEICのリスニング問題は、90％が中学校の単語だと書きました。**この英文が聞き取れない2つ目の理由は、知っている単語でも、会話でよく使われる表現の形を知らないことです。**

例えば、how, to, get, toという中学校で習う4つの単語をすべて知っていても、how to get to「～への行き方」という表現（意味）で知らないと、瞬時に理解することができません。これが、リーディングであれば、4つの単語の組み合わせから、意味を推察することは容易ですが、リスニングでは考えている時間がありません。

ところで、how to get to「～への行き方」という表現を理解できるようになるのと、TOEICリーディング問題に登場するcustomarily「通例」、consolidate「～を統合する」、contingency「不測の事態」、という難易度の高い単語を暗記するのでは、どちらが簡単でしょう？

前者のほうが、はるかに簡単なはずです。その理由は、既に知っている単語の組み合わせだからです。しかも、**リスニングできるようになるには、完全に暗記をしなくても、聞いて理解できる程度になじむところから始めれば良いのです。**

では、なじむためにはどうしたら良いのでしょう？

その方法は、前項の音読です。ただし、音読の前に、日本語訳や英文の解説（単語・文法）を読んでおくことです（暗記する必要はありません）。日本語訳を見れば、「～への行き方」

と書いてあり、解説を読めば、how to +動詞「~する方法」と書いてあります。これを読んだうえで、how to get to という表現を意識して音読すれば、聞いて理解できるようになります。

ただし、解説を読んでも、ピンと来ない表現もあります。

例えば、「call it a day で「(その日の仕事などを) 終わりにする」という表現があります。直訳すると、「それを1日と呼ぶ」ですから、なぜ「終わりにする」という意味になるのか疑問を感じるかもしれません。**言葉の由来を調べるのも面白いのですが、日本語の雑学と同じで、リスニング力の向上には関係しません。**

リスニング力の向上につながるのは、日本語訳を参考にして、その表現が使われる場面をイメージして、音読することです。

この表現が使われるのは、例えば、こんな場面です。

夕方になり、会議の最後の議題を終わったところで、司会者が、

Ok, let's call it a day!「よし、終わりにしよう！」

リスニングは、「音を聞いて絵にすること」ですから、表現をいきなり暗記する必要はなく、**まずは、表現を聞いたら、場面がイメージできるように、音読することで、なじんでいく**のです。そもそも、音は暗記できないのですから、これで大丈夫です。

TOEICのリスニング問題の代表的な設問は、Where are the speakers?「話し手はどこにいますか?」、Who are the speakers?「話し手は誰ですか?」です。Ok, let's call it a day! と聞いて、「会議」「会議の参加者」がイメージできれば、解けるわけです。もちろん、ビジネスの場で聞いても理解できます。

27 高得点を取れる人は、無理に覚えない！

28 高得点を取れる人は「リズム」にこだわり、取れない人は「発音」にこだわる。

発音は良いに越したことはありませんが、リスニングに重要なのは、リズムです。

音読を始めると、自分の発音が気になるかと思いますが、気にしすぎないことをおすすめします。というのも、**リスニングが聞き取れない理由の3つ目は、発音というより、リズム**だからです。

25項の通り、ネイティブ・スピーカーが、The boys will meet the girls. という英文を発音すると、The **boys** will **meet** the **girls**. のように、太字の単語 boys / meet / girls（内容語）が強めに長く発音され、太字になっていない単語（機能語）は比較的弱く短く発音されます。

英語はこのように、強く読まれる箇所とそうでない箇所が交互に現れる「強弱リズム」を持っています。これに対して、日本語のリズムは、高さの異なる2レベルの音を使い分ける「高低リズム」です。

皆さんの耳が「ラジオの受信機」で、流れてくる英語の強弱リズムが「ラジオ放送の周波数」だと思ってください。「周波数のダイヤル」が、番組の周波数（英語）とズレていると、番組は聞こえず、雑音が聞こえます。

ですから、**リスニング力の向上には、強弱リズムを意識して、音読することが効果的です。**

個々の単語を正しく発音できても、強弱リズムが身についていないと、正しい音を聞き取れませんし、正しい音を聞き取れないと、発音も向上しません。**正しい音が聞き取れるようになると、発音も良くなっていきます。**

意識して音読する際に、強弱リズムとともに大事になるのが、「音法」です。音法は、自然なリズムで話す際に起こる、音の変化の法則です。代表的な音法には、２種類あります。

リエゾン（連結）

例えば、take it は、take「テイク」の k(e) の音と、it「イット」の i の音がつながって、ローマ字読みの「キ」のように変化し、「テイキット」と話されることがあります。

単語の最後が子音（母音以外の音）、次の単語の最初が母音（日本語の「あ、い、う、え、お」に近い音）の組み合わせで、起こりやすい現象です。

リダクション（消音化）

例えば、not that「ナット・ザット」は、no(t) that のように始めの単

リエゾン（連結） 子音＋母音＝ローマ字読み	リダクション（消音化） 子音＋子音＝（子音）＋子音
キ take it	no(t) that

語の not の t がほとんど発音されず「ナッ・ザット」と話されることがあります。単語の最後が子音、次の単語の最初の子音の組み合わせで起こりやすい現象です。

音法をマスターするには、テキストを見ながら、ネイティブ・スピーカーの音声を聞き、音法に気づいたら、○印（リエゾン）、( )印（リダクション）をつけます。それから、音法に注意して、音読するのが効果的です。

なお、**音法は、同じ単語の組み合わせの際に、必ず起こるわけではありません。ですから、変化している場合も、していない場合も聞こえた通りに音読します。**これで、どちらで話されても聞き取れるようになります。

29 高得点を取れる人は移動中にリピートし、取れない人は聞いていると眠くなる。

黙って聞くより、
声に出して聞くのが効果的です。

前述の通り、**同じ英文のリスニングを繰り返しても、リスニング力は向上しません。聞き取れなかったところを音読することで、聞き取れるようになります。**

では、聞き取れるようになった英文の音声（ＣＤなど）は、どうしたら良いでしょうか？

基本的には、引き続き聞くのがおすすめです。わからないところをそのままにして聞き続ける「聞き流し」は効果がありませんが、**音読して聞けるようになった英文を定着のために聞く「流し聞き」には効果があります。**英文がわかっていますから、集中して聞く必要はなく、「音を絵にする」つもりで、流すように聞きます。

しかし、仕事帰りの通勤電車などで、黙って聞いていると眠くなるかもしれません。わかるものを聞いても眠くなるのですから、**練習していない（聞き取れない）英文を聞き続けるのは、ＮＧです。**

眠気を防止して、リスニング力を更に向上させる方法があります。それは、**声に出しながら聞くこと**です。声に出すことで、「聞ける」（スピード処理力）だけでなく、「話せる」（即応力）を養うことができますから、一石二鳥です。

具体的なトレーニング方法を紹介します。

リピーティング

一般的なテキスト（ＣＤ）には、重要な単語やフレーズ、基本構文が読まれるコーナーがあります。単語やフレーズ、基本構文が読まれた後で、自分でも声にして話すのが「リピーティング」（repeating）です。リピーティングは、**テキストを見ずに、耳を頼りに行います。**

シャドウイング

テキストの本文（英文）の音声に、少し（0・5秒くらい）遅れて、影（shadow）のようについていくのが、「シャドウイング」(shadowing) です。リピーティングとの違いは、**CDにかぶせるように声に出していくことです。**

シャドウイングは、スムーズに音読できるようになった英文で行います。特に、**初級者の方は、音読していない英文で挑戦すると、上手にできないので挫折感だけが残ります。**最初は、音を真似ることに注力して行い、慣れてきたら、会話やアナウンスの場面を思い浮かべて、自分が話しているつもりで行いましょう。

リピーティング、シャドウイングには、音を覚えることで話せるようになる効果だけでなく、パート2の解き方（09項）で説明した「リテンションカ」をつける効果があります。そのため、話された英文を頭の中に保持しておくことが必須の同時通訳者の初歩訓練にも用いられているトレーニングです。

私（山縣）も、現在の会社に転職してから、通勤時間を活用してシャドウイングを続けたところ、１３年間ピクリとも動かなかったＴＯＥＩＣスコアがアップし、満点（９９０点）を取得することが出来ました。

なお、電車の中など、声を出すのが難しい（恥ずかしい）環境では、小声か口パク（マスクをすると口の動きも見えません）で行っても、音読したことのある英文であれば、脳の音声領域が反応しますから、同様の効果を得ることができます。

29 高得点を取れる人は、声に出して定着させる！

30 高得点を取れる人は練習問題を会話練習に使い、取れない人は答えを覚えるまで解き続ける。

第2章で、TOEICリスニング問題の解き方を解説しました。ビジネス英語の練習試合のつもりで問題を解くことで、ビジネスに必要な力を確認することができます。

しかし、1度解いた練習問題をどうしたら良いでしょうか? 何度も解くと、答えを覚えてしまいますし、解説を読むだけでは、聞けるようにはなりません。**問題を解いたら、音読で復習するとリスニング力(スピード処理力)がつきます。更に、「スピーキング」の練習に使えば、即応力がつき効果倍増です。**話せる英語は、絶対に聞けるからです。

パートごとに、復習方法を確認していきましょう。

パート1 写真描写問題

「状況や動作を示す表現」をマスターしましょう。

①正答の選択肢の英文をＣＤの音声を手本に音読します。
②スムーズに音読できるようになったら、顔を上げて話してみます。
③顔を上げてスムーズに話せるようになったら、
　写真を指さしながら、誰かに説明するつもりで話します。

パート2　応答問題

「問いかけ文と応答の表現」をマスターしましょう。

①問いかけ文（設問）と正答の応答文の２文をＣＤの音声を手本に音読します。
②スムーズに音読できるようになったら、顔を上げて話してみます。
③顔を上げてスムーズに話せるようになったら、
　応答の場面をイメージして、１人２役でロールプレイします。
※問いかけ文や応答文の１部（単語）を入れ替えて話すのもおすすめです。

パート3　会話問題

「会話に便利な表現」をマスターしましょう。

①放送文の冒頭部分から、会話に便利な表現を選び、下線を引きます。下線が多いほど、練習の難易度が上がります。最初は無理をせず、1センテンスから始めてください（慣れてきたら、応答が成立する2～3センテンスへ）。

②パート2の練習と同じ要領で、顔を上げて話せるまで練習した後、会話の場面をイメージして、1人2役でロールプレイします。

パート4　説明文問題

「説明に便利な表現」をマスターしましょう。

①パート3の練習と同じ要領で、放送文の冒頭から説明に便利な表現を選び、下線を引きます（1～3センテンス程度）。

②パート2の練習と同じ要領で、顔を上げて話せるまで練習した後、誰かに説明する

つもりで話します。

パート1～4の練習に共通するのは、練習後に放送文を聞くと、はっきりと音声が聞き取れるだけでなく、物の状況や動作（パート1）、応答場面（パート2）、会話場面（パート3）、説明場面（パート4）のイメージがわくようになることです。

海外出張から戻ってきたスクール生から、「現地で使えた表現を、その場面の記憶とともに覚えている」という話を聞きます。練習問題を使った復習は、これと同じ原理です。**場面と結びついた表現は、強く記憶に残るのです。**

そして、場面をイメージして覚えた表現は、同じような場面で、自然に頭に浮かぶようになります。

30 高得点を取れる人は、リスニングで終わらない！

31 高得点を取れる人は映画やニュースを活用し、取れない人は練習問題が絶対だと思う。

「練習問題を解いても、パート3、4がさっぱり」という人に、前項の練習問題を使った復習方法をおすすめすると、「場面をイメージするのが苦手」「練習問題だと雰囲気がつかめない」という反応が返ってくることがあります。

そんな皆さんには、**苦手な練習問題ではなく、他の英語素材を使った練習がおすすめです。**パート3「会話問題」に効果的な「洋画」と、パート4「説明文問題」に効果的な「ニュース」の活用方法を紹介します。

「洋画」

リスニングは、「音を絵にすること」ですから、その練習には、「場面イメージ」の喚起が不可欠です。しかし、これには個人差があります。**洋画には映像がありますから、自分**

でイメージする必要がありません。更に、好きな役者が出ている、内容が面白いなど、学習を楽しくしてくれる要素があります。洋画を観るための環境（ＤＶＤレンタル、ネット配信など）も揃っています。

洋画を使った練習方法を紹介します。

①「日本語字幕」＋「英語音声」で洋画を楽しみます。

最初は、無理をせず、目で「日本語字幕」を確認しながら、テキストで練習した英語表現がどこかに登場するのを期待しつつ、耳に「英語音声」を入れます。

②練習したいシーンを選んで、「英語字幕」に切り替えます。

「気に入ったシーン」か、何と言っていたのか「気になったシーン」を選んで、英語字幕を出し、練習したいセリフ（数センテンス）をメモします。

③「メモしたセリフ」を音読します。

④「英語字幕」＋「英語音声」でロールプレイします。

1人2役で音声に重ねるように英語字幕を音読するか、片方のセリフを音読して、映像の役者を相手にロールプレイします（自分のセリフの時だけTVリモコンのミュート（消音）ボタンを押して、音声を消して音読すると、臨場感が倍増します）。

⑤「字幕なし」＋「英語音声」で再度観ます。

字幕なしで、英語音声が聞き取れるようになったことを確認しましょう。

「ニュース」

パート4「説明文問題」は、話し手が時間内に大量の情報を伝えるために、事前に整理された（文書化された）英文を話します。そのため、「結論から詳細へ」の順番で情報を理解する必要があります。しかし、結論に興味がわかないと、詳細を理解する意欲がわかないものです。**ニュースは、実際の出来事なので興味深く、テレビニュースであれば、映像があって理解しやすいという特長があります。**

おすすめは、「日本関連ニュース」です。朝、日本語の新聞やTV、ネットニュースで興味を持った話題を、夜にNHKの2ヶ国語放送で観ます。夜7時からの「ニュース7」と、夜9時からの「ニュースウォッチ9」は、英語音声で観ることができます。**知っている話なので聞き取りが容易で、英語表現を映像とセットでインプットできます。**

長く維持される長期記憶には、知識として定着した「意味記憶」と、反復練習（トレーニング）で定着した「手続き記憶」、日時や場所などの場面や感情と結びついた「エピソード記憶」があります。前項で紹介の場面と結びついた記憶や、映像で見たものを覚えているのは、エピソード記憶の一種です。

31 高得点を取れる人は、エピソード記憶を使う！

第6章

こう伸ばす！英語力
リーディング 編

山縣画児

32 高得点を取れる人はストップウォッチを片手に読み、取れない人は辞書を片手に読む。

ここからは、リーディング力アップのトレーニング方法を紹介します。

まず、**リーディング力アップのためには、毎日、英語を読むことが基本です。**

そして、読む際に意識することは、スピードです。

TOEICスコアは、一般的にリスニングが先行して伸びます。その理由は、第5章で説明の通り、語彙が比較的易しく、表現やリズムに慣れることで、現在持っている知識をリスニングのスキルに転化できるからです。更に、通勤時間を活用して、毎日、英語を聞くことで、スキルの転化に不可欠な時間を容易に確保することができます。

一方、**リーディングスコアの伸びには時間がかかります。**その理由は、語彙の難易度が上がるため、不足する知識量を補う必要があること。かつ、求められるリーディングのスキルを獲得するには、速読スピードを飛躍的に上げる必要があることです。しかも、「読んでいると眠くなる」ためか、通勤時間を活用する人も多くありません。

ですから、**これから英語学習を始めようという人は、取り組みやすく、成果の出やすいリスニングのトレーニングを先行してかまいません。**

しかし、目標とする英語力（スコア）に向けて、リーディング力アップが必要という人は、ある程度の覚悟を持って、毎日トレーニングすることが不可欠である（リスニングほど甘くない）と思ってください。

毎日のトレーニングで意識すべきことは、「スピード」です。まずは、現在の実力を診断してみましょう。次ページの英文を、意味を理解しながら、何秒で黙読できるか測ってみてください（わからない単語は飛ばして読んでかまいません）。

It used to be that a car was a reflection of your personality. It seems that for more and more young people, it's more the type of phone they have. That's one interesting explanation of why people in their teens and 20s are not buying cars.

解説（日本語訳は、次項参照）
used to be「以前は～だった」。reflection「反映」。personality「人柄」。seem「～のように思われる」。more and more「ますます」。more the type of phone they have (than a car)「（車より）むしろ彼らが所有する電話の種類」。more A than B「B よりむしろ A」。interesting「興味深い」。explanation of why ＋節「～という理由の説明」。people in their teens and 20s「10 代や 20 代の人々」。

	センター入試	TOEIC® テスト
総語数	約 4,000 語	約 6,800 語
試験時間	80 分	75 分
速読スピードの目安	120 語／分	150 語／分

いかがでしたか？　この英文は、全部で４６語です。**TOEICリーディング問題を解き終わる（950点以上）には、1分間に150語以上の速さで読む必要があります**から、１８秒以内に読むことが目標です。大学入試センター試験を解き終わる速読スピード（１２０語／分）と比較すると、２５％のスピードアップが必要です。

もちろん、速く読んでも、内容を覚えていなければ、設問に答えることはできませんから、**やみくもにスピードだけを上げることに、意味はありません。**といっても、辞書を片手に読んでいては、スピードが上がりません。現在の自分の速読スピードがどの程度なのか、**時々ストップウォッチを片手に（秒数を測って）読むことで、「スピードに意識を向ける」ことが必要です。**

なお、**TOEICの音声スピードは、160～180語／分**ですから、速読スピードを上げることで、リスニングのスピードについていくのも楽になります。

32 高得点を取れる人は、スピードを意識する！

33 高得点を取れる人はスラッシュ・リーディングを行い、取れない人は戻り訳をする。

速読スピードを上げる（スピード処理力をつける）には、ネイティブ・スピーカーの読み方を身につけることです。その方法は、チャンクで読むことです。

速読の方法として、「**直読直解**」という言葉を聞いたことがあるかもしれません。**日本語に訳さずに、英語の語順のまま、直接理解するということです。**ここで説明するのは、その具体的な練習方法です。

直読直解のためには、まず、表のように、**英文を意味のかたまり（チャンク）で捉えることが必要です。チャンクでとらえることが出来れば、日本語の語順に変換しなくとも（返り読みをしなくとも）理解できます。**

It used to be	かつては、～でした
that a car was a reflection	車が、反映するもの
of your personality.	あなたの人柄を。
It seems	～ようです
that for more and more young people,	ますます多くの若者にとっては、
it's more the type of phone	それは、むしろ電話の種類である
they have.	彼らが所有する。
That's one interesting explanation	それは、興味深い説明のひとつです
of why	理由についての
people in their teens and 20s	10代や20代の人々が
are not buying cars.	車を買っていない。

次に、チャンク単位で、日本語に訳さずに理解します。その方法は、リスニングの理解方法と同じで、イメージすることです。これで、150語／分以上の速読スピードを実現できます。

「イメージしながら読むという感覚」は、日本語で小説などを読んでいる時の感じです。場面や登場人物をイメージして、頭に絵を描くように読みます。この読み方で、ネイティブ・スピーカーは、初見の英文を300語／分で読みます。

何十年も英文を読み続けているネイティブ・スピーカーの実力（スピード処理力）は、簡単には身につきませんが、TOEICリーディング問題を解き終わるスピードは、その半分ですから、トレーニングを続ければ、誰でも実現できます。

直読直解の練習ステップを紹介します。

①チャンク単位で、英文にスラッシュ（／）を入れます。

英文にスラッシュ（／）を入れて、チャンクに切り分けします。スラッシュを入れる位置は、「長い主語／カンマなどの後」「前置詞／接続詞／節／不定詞／分詞の前」が基本です。スラッシュを入れながら読んでいくことを、「スラッシュ・リーディング」と言います。自分で入れたスラッシュの位置が不安な人は、書店で、チャンク単位で日本語訳がついたテキストを探してください。

②チャンク単位で、日本語訳を確認します。

日本語訳を参照して、チャンク単位の意味を理解します。次に、チャンク単位で英語を音読して、その意味を日本語で言ってみます（日本語訳と一字一句同じである必要はありません）。英語で直接理解（黙読）する練習なのに、音読して、日本語訳を言うのは違和感があるかもしれません。しかし、言語は音声に優位性があるので、声に出すとイメージがわき、意味が簡単に定着します。

③ 英文を黙読し、英語のまま理解します。

英文を黙読して、英語のまま理解できることを確認します。この際、簡単なところ（car, young people, phone など）から頭の中でイメージを浮かべるようにしてください。

33 高得点を取れる人は、チャンクで読む！

34 高得点を取れる人は速音読を行い、取れない人は黙読しかしない。

前項で、「言語は音声に優位性があり、声に出すとイメージがわき、意味が定着する」と述べました。日本語は、0才で聞き始め、1才で話し始め、4才で読み始め、5才で書き始めます。つまり、音で意味を理解し、次に音と文字を一致させたわけです。そのため、黙読していても、頭の中の音声領域が反応しています。

この原理を応用すると、

速読スピード（スピード処理力）を飛躍的に上げることができます。

その方法は、英文を速く音読する「速音読」を行うことです。

前項では、チャンク単位で英文を音声化し、その音声と意味（日本語訳）を結びつけました。しかし、英文を黙読して、英語のまま理解しようとしても、イメージが浮かばないか、日本語訳が浮かんでしまったという人もいるはずです。

この理由は、「英語回路が出来ていない」ことです。

東北大学の川島隆太教授の研究によると、日本人が後天的に英語力を獲得すると、日本語とは違う脳の領域に、英語を使う回路が形成されるのだそうです。この英語回路は、英語の文法体系を脳のネットワークに組み込むことで構築されます。

つまり、**英語回路が出来ていない状況では、英語のまま理解できないか、日本語の回路を使ってしまうということです。**

では、英語回路を作るにはどうしたらいいのでしょう？　その方法として、**有効なのが「速音読」です。** 音読すると、脳が活性化します。音読スピードを上げるほど、脳が活性化します。母国語と違った文法体系（語順）の文章を音読すると、さらに脳が活性化します。これで、英語の文法体系を脳のネットワークに組み込むことが出来ます。

It used to be that a car was a reflection of your personality. It seems that for more and more young people, it's more the type of phone they have. That's one interesting explanation of why people in their teens and 20s are not buying cars.

速音読の方法を紹介します。

スラッシュ・リーディングを行った英文を使って

①　CDなどで読み方を確認した後、音読します。

②　秒数を測りながら、速音読します。

ネイティブ・スピーカーの音読スピード（CDなどの音声スピード）以上を目標に、自身の最高スピードで音読します。この際は、発音や音法が多少あいまいになってもかまいません。

ストップウォッチなどでタイムを測り、記録更新を目指して、3回速音読してください。**繰り返すたびに、速く音読できるはずです。**

実際に、表の英文を3回速音読した後で、今度は、音読せずに「黙読」のタイムを測ってみてください。18秒以内で黙読できれば、リーディング問題が解き終わる１５０語／分。９秒以内になったら、ネイティブ・スピーカーと同じ３００語／分のスピードです。

普段の練習でも、**練習前後に黙読タイムを測ると、練習の成果が実感できます。また、速音読した英文は、リスニングをしても、ゆっくりと理解できるようになります。**

その理由は、英語の文法体系（語順）が脳のネットワークに取り込まれるからです。語順が脳に取り込まれる過程で、単語や表現も合わせて定着します。

34 高得点を取れる人は、音読でスピードを上げる！

35 高得点を取れる人は単語・文法を表現で覚え、取れない人はそれだけを暗記する。

ここまで、速読スピードについて述べてきましたが、英文を見ると、やはり単語・文法が不安という人もいるかもしれません。

まず、安心していただきたいのは、ここまで説明した通り、**音読することで、聞いて・読んで「わかる単語や表現」を増やすことができ、英語の語順（文法体系）で「聞ける・読める」英文が増えるということです。**

〈そう言われても、基本的な文法知識に不安があるという人は、『TOEIC®テスト公式問題集』の解説を読んで、文法の説明が理解できるかどうか確認しましょう。忘れていたことがあっても「そういえばそうだった」と理解できれば問題ありません。説明がまったく理解できないという人は、本書で紹介のトレーニングと合わせて、TOEICに出る高校1年生までの文法の基本事項を簡単に確認することをおすすめします。）

音読で、基本的な単語・文法を強化したうえで、パート5「短文穴埋め問題」、パート6「長文穴埋め問題」で、自信を持って解答を選べるようにするためには、第3章で述べた「メモやEメールが書ける程度のライティング力」が必要です。

ちなみに、日本語では、メモやEメールをどのように書いているでしょうか？「頭に浮かんだ文を書いている」、あるいは、「いつも使っている表現（定型文）で書いている」はずです。英語でも、この方法で書けるようになることが目標です。

「頭に浮かぶ」のは音声ですから、前述のように音読することが基本です。そして、もうひとつ大事なのが、**「いつも使っている表現」を増やすことです。**

このいつも使っている表現のことを、**「コロケーション」**（単語と単語の自然な組み合わせ）と言います。

例えば、日本語で「強い風」は、違和感のない表現です。英語では、strong windです。日本語で「強い雨」も、違和感のない表現です。しかし、英語では、strong rainではなく、heavy rainが違和感のない表現です。

逆の例もあります。日本語では、帽子は「被る」、シャツは「着る」、靴は「履く」、手袋は「はめる」と言います。しかし、英語では、これらすべての身につけるものは、put onです。「なぜ、日本語ではそんなに言い分けるのか?」と外国人に尋ねられても、困りますね。これが、コロケーションです。

ここで、大変だと思わないことです。**表現(コロケーション)を身につけていけば、短時間で、「メモやEメールが書ける」ようになるのです。これが、英語の基礎力である「即応力」(表現のストック量)と言うことです。**この力がついていくことで、パート5、6の選択肢も瞬間的に選べるものが増えます。

表現を増やすには、音読に、書く作業を加えた「音読筆写」が効果的です。「話す」と「書く」が同時に身につきます。具体的なトレーニング方法を説明します。

音読筆写（例）

1. It's more the type of phone they have.
2. It's more the type of phone they have.
3. It's more the type of phone they have.
4. It's more the type of phone they have.
5. It's more the type of phone they have.

①覚えたい表現を選んで、書き写します。

音読した英文から、Eメールや会話に便利そうな表現を練習するか、間違えた問題の復習として行います。選んだ表現（センテンスかフレーズ）を書き写します。

②音読筆写します。

書き写した英文の下に、音読しながら、4回書き写します。速く行うと「速音読」効果でより定着します。字は、自分で読める程度のきれいさで構いません。

③顔を上げて、英文を見ずに話せるか確認します。

36 高得点を取れる人は練習問題をビジネス文書の手本とし、取れない人はテストのためだけに読む。

リーディング問題の英文のうち、「Eメール」「社内連絡」「利用者への告知」「広告」などは、ビジネス文書の手本として活用できます。

『TOEIC®テスト公式問題集』に掲載の英文は、5ケ国（アメリカ・カナダ・イギリス・オーストラリア・ニュージーランド）のネイティブ・スピーカーがチェックした英文です。つまり、特定の国に限らず5ケ国で「自然」と感じられる英文ですから、ビジネス文書の手本として、最高です。

先日も、スクール生から、「『TOEIC®テスト公式問題集』に掲載のEメールを参考にして、取引先へのメールを書きました」という報告を受けました。これ以上の練習問題の復習方法はありません。使った表現は忘れないですし、TOEICやビジネス文書に登

Greg Technology Solutions is known for ------- computer products that are reliable and easy to use.
(A) creating
(B) was created
(C) creates
(D) have created

場する表現ですから、表現を増やした分、速読スピードが向上します。
練習方法を確認していきましょう。

「音読筆写」

前項で紹介の**「音読筆写」は、すべてのパートの英文を使ってできますが、練習しやすいように短い文にすることがコツです。**

上の問題で、is known for「…は～で知られる」という表現を練習するなら、固有名詞の Greg Technology Solutions を、Our company に置き代えて、正解の単語である（A）creating を入れて、Our company is known for creating computer products.「我が社はコンピューター製品の製造で知られています」といった文にして練習します。

「速写」

英文をすばやく書き写すことで、文書の構成に慣れることができます。構成に慣れることで、文章の文脈をつかむ力も向上します。

練習する英文は何でもいいですが、特に、パート6、7に登場する**「Eメール」がおすすめです。**

①真似したいEメールを黙読し、日本語訳を確認します。
②チャンクで区切る「スラッシュ・リーディング」（33項）を行います。
③チャンクごとに、英語を頭の中で音読するつもりで黙読した後、英文を見ずにノートに書き写します。
④すべて書き写し終わったら、原文と比較してミスがないか確認します。

「日英ライティング」

英文の「日本語訳」を見て、英文を書く練習です。**内容的にまとまりのある文章を英語にすることで、英文らしい文章の論理展開を身につけることができます。合わせて、情報を整理して読む力も向上します。**

①真似したい英文を黙読し、日本語訳を確認します。

②チャンクで区切る「スラッシュ・リーディング」を行います。

③日本語訳を見て、（原文は見ずに）英文を書きます。なるべく原文に近い英文を書くようにしますが、時間をかけすぎず、忘れてしまったところは、自分なりに書きます。

④すべて書き写し終わったら、原文と比較して確認します。

36 高得点を取れる人は、リーディングで終わらない！

37 高得点を取れる人は最新の英文記事を読み、取れない人は単語集と格闘する。

パート7「読解問題」で、一番苦手な文の種類は何ですか？　企業研修などで、こう質問すると、700点以上の人でも、「記事」(article) という答が返ってきます。この英文は、パート7Sの中盤～後半に登場します。

では、皆さんは、「英字新聞」を読んでいますか？　と続けて聞くと、ほとんどの人が読んでいません。では、「日本語の新聞」を読んでいますか？　と聞くと、媒体（紙かネットか）の違いはあれ、ほとんどの人が読んでいます。

パート7に「記事」が登場する理由は、社会人であれば、「記事」を読むのが普通だからです。 海外で、現地の取引先と接するのに、現地の情報を知りたいと思ったら、「英文記事」を読む必要が出てきます。

とはいえ、「英文記事」を敬遠したくなる気持ちはわかります。**英文記事の語彙レベルは約5000語で、TOEICリーディング問題の語彙レベル（約3700語）より高い**からです。TOEICのリーディングが難しいと感じる人が、英字新聞を更に難しいと感じるのは当然です。

しかし、**リーディング問題の中でも難易度の高い語彙が多数出現する「記事」をスムーズに読みたいと思ったら、やはり、「英文記事」を読むのが一番です。**出会いの回数を多くすることで、高難易度の語彙を増やすことが可能だからです。800点を超えて、さらに上を目指したいと思った頃からチャレンジされるといいでしょう。

「難易度の高い単語を覚えるには、単語集を覚えるのが一番では？」という意見もあるかと思います。仮に、単語集で覚えたとしても、24項で説明のように、**覚えたものを定着させるためには、「初めての英文で同じ単語に再度出会う」「違う文脈で同じ単語が使われている英文にふれる」という経験が必要です。**そうでないと、覚えても短期間で忘れてしまいます。

単語集を使うのであれば、暗記用ではなく、確認用に使うのがおすすめです。具体的には、単語集の知らない単語にチェックするのではなく、知っている単語にチェックすることで、「初めての英文で同じ単語に再度出会う」「違う文脈で同じ単語が使われている英文にふれる」作業をするのです。

知らない単語は、あまり時間をかけず、意味の確認程度にとどめます。**他のテキストや問題集を3ケ月〜6ケ月学習したら、再び単語集をチェックしてみると、知っている単語が増えているはずです。**

話を英文記事に戻して、読むコツを説明します。

それは、**すべてを読もうとしない**、ということです。

先ほどの新聞に関する質問の続きです。日本語の新聞記事をすべて読みますか？　もちろん読んでもかまわないのですが、忙しい人ほど、「興味のある記事」しか読んでいないはずです。しかも、タイトル、第1段落を読んで、「必要なことはわかった」と読むのを止める記事もあるはずです。

英文記事も、同様に読みましょう。

もともと語彙レベルが高い英文を読むのに、興味のない記事まで、しっかり読むのは苦痛です。苦痛なことは頭に入ってきませんから、長続きしません。タイトルや写真を見て、好奇心をくすぐる記事を1日1本から読んでいきましょう。

読む際は、辞書を引かずに、スピード重視で読みます。読み終わった後で、単語を辞書で確認してもかまいませんが、出現頻度の著しく低い単語もあります。例えば、金環日食（annular eclipse）は、日本で観測できるのは１０年に1度ですから、その頻度でしか登場しません。**何度か出会った（出現頻度の高い）単語だけを確認するのがコツです。**辞書を引かなくても、日本語の注釈や訳が確認できる「ST（The Japan Times ST）」などの学習者向け英字新聞を活用するのも手です。

38 高得点を取れる人は易しい洋書を読み、取れない人は飛ばし読みする。

ここまで紹介した「速読スピード」「表現のストック」「難易度の高い語彙」に加えて、リーディング力の強化のもう1つの壁があります。それは、TOEICリーディングセクションの75分間を、高速で読み続けるスタミナです。

第3章で解説の通り、リーディング問題は、「パート5→6→7S→7M」の順に長文になり、読む量が増えます。問題用紙のページをめくるたびに、読む量が増えるのです。**スタミナが足りなくなってきたところで、長文の問題を見ると、「答えの書いてありそうなところだけ、「飛ばし読みしよう」という誘惑にかられます。**

ここが落とし穴です。

NOT問題（4つの選択肢のうち英文の内容と違うものを選ぶ問題）や、パート7Mの複数の文書問題は、広範囲（基本的には文書すべて）を読まないと、答えが見つけられないように作られています。**飛ばし読みをすると、答えを見つけられず、何度も読み返し、焦って更にスタミナを消耗します。**

では、高速で読み続けるスタミナは、どうしたら身につくのでしょう?

長時間読み続けられるスタミナは、やはり長時間読むことでしか身につきません。英語はスポーツ、TOEICはマラソンのようなものです。マラソンのタイムが走り込んだ距離で決まると言われるように、**読む力は読んだ量（時間）で決まるのです。**

とはいえ、「基礎トレ用のテキスト」や「TOEIC練習問題」を大量に用意するのは難しいですし、前項の「英文記事」では難易度が高すぎるという人も多いはずです。

そこで、**おすすめなのが学習者向けの「洋書」です。学習者向けの洋書は、レベル別に語彙数が制限されていますから、語彙のストレスを感じずに読み進めることができます。**

次ページに、代表的なものを紹介します。紙でも電子書籍でも提供されています。

・ペンギン　リーダーズ（200語～3000語の7レベル）
・オックスフォード　ブックワームス（250語～2500語の7レベル）
・マクミラン　リーダーズ（300語～2200語の6レベル）
・IBCパブリッシング　ラダーシリーズ（1000語～2000語の4レベル）

TOEICの語彙レベルが3700語ですから、「これより易しい語彙レベルの本を読んでも効果がないのでは？」という疑問もあるかもしれません。

しかし、どんな英文でも、出現頻度で見れば、基本の1000語で90％をカバーするという調査もあります。つまり、3700語のうち、90％の330語が1000語レベルの単語で、残りの370語が1001語～3700語の単語ということです。

易しい単語で文脈をつかむ力があれば、難易度の高い単語がわからなくても、英文を読むことができます。これは、15項で紹介したパート6の解き方（空欄部を飛ばして読んで文脈をつかむ）と同じ原理です。

英文をすばやく読む練習には、スラッシュ・リーディング（３３項）が効果的ですが、直読直解を実践で定着させるのにも、**学習者向けの洋書が最適です。その理由は、知らない単語がなく、前後から意味を推測する必要がないので、返り読みしないこと。易しい語彙なので、日本語に訳さず、英語のままイメージして理解できることです。**

我々のスクールには、ブッククラブ（洋書の貸し出しコーナー）を併設していますが、洋書の多読を始めると、生徒さんの速読スピードが劇的に向上します。

学習者向けの洋書は、サスペンス、伝記、地理、科学など様々なジャンルの本があります。**興味のある本を選べば、内容の理解も進みます。**語彙レベルの易しい洋書から始めて、中級レベルの洋書（総語数１００００語程度）が読める頃には、ＴＯＥＩＣリーディング問題（総語数６８００語）も恐くありません。

38 高得点を取れる人は、多読でスタミナをつける！

第7章

こう生み出す！
学習時間　編

松尾謙一

39 高得点を取れる人は最初の一歩を決め、取れない人は決意だけに終わる。

ここまで、「TOEICが測る力」と「英語力の伸ばし方」を説明してきました。山登りで言えば、「目標地点」と「ルート」の確認を終えたところです。ここからは、登る「ペース」についての話です。

企業研修で、新人研修の一環として、英語学習法のセミナーを担当することがあります。TOEICを受験し、スコアを手にした新入社員の皆さんに、学習法を説明し、3～5年後の目標を立ててもらうのです。セミナーで、英語学習を「やる気」になってもらうのは、さほど難しくありません。

難しいのは、社会人になって生活スタイルが変わり、覚えなければいけない仕事がたくさんある中で、セミナー後に、「**どうやって学習をスタートするか**」です。

「がんばります」「必ずやります」という決意は必要ですが、これだけで、実行に移せる人が多くないことは、先輩社員の皆さんなら、理解いただけると思います。**決意を実行に移すための方法は、仕事と同じです。具体的な実施計画を持つことです。**

ただし、仕事と違う点が1つだけあります。

それは、**「習慣ができるまでは、質にこだわらない」**ことです。

もちろん、質にこだわらないと言っても、「聞き流すだけの学習」や「あやしいTOEIC対策」でもいいという意味ではありません。久しぶりに学習を開始する人は、最初から、第2章～第6章で紹介した学習のすべてを実行しなくていいということです。

まずは、学習習慣を作ることを優先して、確実に実行できることを計画しましょう。

ここで、「既に学習習慣が出来ています」という人は、この限りではありません。最初から、フルスピードで目標地点へ向かって、進んでください。

「まずは、学習習慣から」という人は、ご自身の状況に合わせて、実行できること（実行項目）を決めてください。例えば、こんなことです。

実行項目　→　TOEIC受験
実行計画　→　受験申込／TOEIC問題集の入手／問題を解く

実行項目　→　基礎トレの開始
実行計画　→　テキストの入手／音読をする／リピーティングする

Every journey begins with a single step.「千里の道も一歩から」という言葉の通り、**最初の一歩を踏み出さなければ、目標地点へたどり着くこともありません。**まずは、一歩からです。

最初の一歩を踏み出すと、これまでには見えなかった新しい気づきがあります。「少し単語を思い出してきたぞ」「問題集で確認したら、リスニングの単語は確かに易しいな」「音読した英文なら聞ける！」といったことです。

こうなるとしめたものです。**少しやって面白いなら、もっとやれるはずです。1日の中で英語にふれる時間を増やしていきましょう。**時間の増やし方は、この後で説明しますが、この段階でも、まだ質にこだわらなくてかまいません。

というのも、**正しい方法で量を増やしていくと、自然と質が高まる**からです。

39 高得点を取れる人は、量から質へ転換する！

40 高得点を取れる人は教材を処分し、取れない人は教材を買って満足する。

前項で、最初の一歩の例として、「TOEIC問題集」「基礎トレ用のテキスト」についてふれました。

TOEIC問題集を使用する目的は、「問題形式に慣れる」「ビジネスで必要な英語力を確認する」ことです。この目的に最適なのは、日本でTOEICを実施している一般財団法人　国際ビジネスコミュニケーション協会が発行するオフィシャルの問題集である『TOEIC®テスト公式問題集』がベストです。TOEICを制作しているETSが作成した問題が掲載され、参考スコアも算出できます。

これ以外にも、書店にはたくさんの問題集が並んでいますが、すべて著者の受験経験と、公式問題集を参考にして作成されたものです。まずは、**公式問題集を購入して、「本物の**

問題形式」と「英文の難易度」を確認することをおすすめします。

基礎トレ用のテキストの選び方については、23項で紹介した通りです。

久しぶりに学習を開始する人は、『TOEIC®テスト公式問題集』「基礎トレ用のテキスト」の2冊があれば、スタートとしては十分です。

この様にアドバイスを差し上げても、実際に書店に行くと、語学書のコーナーには、誘惑が待っています。TOEIC問題集のコーナーには、「即効」「特急」「究極」など、購買意欲をくすぐるタイトルのついた対策本が山積みです。その隣には、単語集、文法書が大量に並んでいます。

あるいは、ネットやスマホのアプリを検索すると、無料のポッドキャスト、メルマガ、安価な単語・文法問題のアプリがたくさん見つかります。

ここで、「テキストが2冊じゃ少ない気がする」「ついでだから、他の問題集も買っておこう」「無料だからいいか」と、**あれこれ手を出すと失敗します。**

教材が多くても、学習できる時間は限られています。

学習する時間がないのに、教材を買っても、積んでおくことになるだけです。机の上に積まれた、手をつけていない教材を見れば、やる気が低下します。仕事で、処理の終わっていない書類が目の前に積まれているのと一緒です。

もし、ご自身の机の上に、使っていない英語の教材が積んであるなら、思い切って処分し、心機一転して学習を始めることをおすすめします。

「そこまでしなくても」と思われるかもしれませんが、**学習に充てられる時間以上の教材を使うと、1つの教材に充てられる時間が減少します。時間が減少するということは、スキルを獲得するうえで一番重要な反復の回数が減少するということです。**それでも反復の回数を維持しようとすると、同じ教材を長期間使うことになりますが、これだと飽きてしまいます。

教材の数を絞って反復練習し、ある程度練習したら、次の教材を購入するのがおすすめです。

教材をたくさん購入してしまいそうな誘惑に負けないためには、「いつ」「どこで」と一緒に、教材を決める（購入する）ことです。

普段の1週間をイメージして、手にした問題集やテキストを、どの時間に、どの場所で学習するのかを考えるのです。 1週間ですから、仕事のある平日か、比較的時間の自由になる休日です。1週間の中で時間や場所が見つからないようでしたら、購入しても、そのテキストは机の上に積まれる運命です。

40 高得点を取れる人は、時間と場所を決める！

41 高得点を取れる人は机に向かう習慣を作り、取れない人は聞き流すだけに終わる。

前項で、「いつ」「どこで」と一緒に、教材を決めると書きましたが、英語学習の経験のない人には、これが難しいようです。

企業研修で、毎月1回のセミナーで学習の習慣化を目指すコースを担当した時のことです。第1回のセミナーで、30代の受講者に、前項のアドバイスを差し上げたのですが、第2回セミナーの学習レポートで、「通勤時間しか思い浮かばなかったので、聞くだけになりました」という報告がありました。

通勤時間は、社会人にとって、自分のために使える貴重な時間ですから、その時間を学習に充てたのはすばらしいことです。しかし、学習内容が良くありません。

ここまでお読みの皆さんは、お気づきの通り、**「聞き流し」は、悪しき習慣の典型**だからです。本書で紹介している学習法の実践は、出来るものからのスタートで良いのですが、**学習の原則（ステップ）を無視しては、効果がありません。**

念のために、第5章のおさらいをしますと、

音読したことのあるものを、「流し聞き」するのは効果がありますが、

音読せずに、同じ英文の「聞き流し」を続けても、効果はありません。

優先される学習の原則（ステップ）は、まず「英文を音読すること」で、次のステップが「その英文を流し聞きすること」。更に次のステップは、「リピーティングやシャドウイングを行うこと」です。

ですから、リスニング力を上げるために「基礎トレ用のテキスト」を使うのであれば、「音読するのは、いつか、どこか」を決めるわけです。「いつ（通勤時間）」「どこで（電車）」から、学習内容を決めては、本末転倒です。

ご自身の「音読する時間と場所」を考えてみましょう。平日だと、こんな具合です。

時間↓　朝（出社前）／昼（昼休み）／夜（出社後）など

場所↓　自宅／通勤（カフェ・電車・車）／職場（自席・会議室・食堂）など

スクール生（300名）に実施したアンケート結果で、一番多かった音読の時間と場所は、「朝／自宅」です。やはり、朝は習慣化しやすく、自宅の机は集中できるということです。しかし、ご家族がいるか、寮で2人部屋といった人は、「音読の声を聞かれるのが恥ずかしい」かもしれません。そんな時は、思い切って、「英語を始めることにしたから、音読の声が聞こえても気にしないで」と、宣言してしまうことです。子供の世話や家事、家族サービスで、なかなか時間が取れないという人も同様です。「英語学習に1日30分欲しいんだけど、協力してもらえるかな？」と、相談してみることです。

残念ながら、同意を得られなかったという人も、工夫次第で「時間」と「場所」を確保できます。スクール生の例を紹介します。

・朝に、長距離通勤で座れる電車内で（小声で音読）
・早めに出社して、自分の席か会議室で
・昼休みに、通勤用のマイカー内で

ちなみに、**最も続かなかった人が多いのは、「夜、自宅で」です。**残業や飲み会、疲労などで、英語学習が後回しになりがちです。とはいえ、これで続いている人もいますから、これで始めても良いと思います。

ただし、**続かなかったら、すぐに「時間と場所」を見直すことが必要です。**

継続した英語学習には、続けられる生活スタイルの確立が不可欠です。

41 高得点を取れる人は、時間を創り出す！

42 高得点を取れる人は徐々に量を増やし、取れない人は計画を作って満足する。

ここまで、「最初の一歩を踏み出すこと」「教材を絞ること」「時間と場所を決めること」の重要性をお話ししてきました。

こうしたことが、「計画」に落し込めるのが理想です。企業研修の初回セミナーや、スクールの入校オリエンテーションでは、学習法のレクチャーを受けていただきながら、**じっくり時間をかけて、「計画作り」を行います。**

しかし、初めて取り組む学習法で、個人で計画を立てるのは、意外に難しいものです。本で読んだだけでは、「1回の練習に、どれくらいの時間がかかるのか?」「どれくらいの負荷があるのか?」といったことが、まだ理解できていないからです。

こうした状況で**無理な計画を作ると、挫折が待っています。**まずは、「TOEIC問題集」

「基礎トレ用のテキスト」を使った学習から始めて、**徐々に他の学習も加えて、学習量を増やしていくのが得策です。**

学習量を増やしていくステップを紹介します。

まずは、前項で説明の通り、「基礎トレ用のテキスト」の「音読する時間と場所」を決めましょう。**テキストの音読が定着したら、英語学習の7割は成功したようなものです。**あとの3割は、さほど難しくありません。

「テキストを使った基礎トレ」は、音読する習慣が出来てきたら、学習のステップに沿って、「流し聞き」「リピーティングやシャドウイング」と学習量を増やしていきます。これらは、通勤途中に出来ます。

初めてＴＯＥＩＣを受ける人は、「ＴＯＥＩＣ練習問題を解く」を受験前に集中して行いましょう。受験申込から試験日迄の間（４０日～６０日）の休日を使って、合計８時間程度を確保すれば、『ＴＯＥＩＣ®テスト公式問題集』（本番２回分の４００問＝４時間分を掲載）をひと通り解いて、解説を確認できます。

ＴＯＥＩＣ受験が終わったら、「ＴＯＥＩＣ練習問題を解く」頻度は、週１回程度（土日のどちらか）にして、「ＴＯＥＩＣ練習問題の復習」（３０項、３６項）や、「英語素材の活用」（３１項、３７項、３８項）を行い、学習量を増やしていきます。

１週間の学習バランスとペースの最終形は、こんな感じです。

平日は、机で「テキストを使った基礎トレ」（30分）と、移動中を使った「流し聞き・リピーティング・シャドウイング」（30分）の合計1時間。
休日にそれ以外の「TOEIC練習問題を解く」「TOEIC練習問題の復習」「英語素材の活用」から選んで、1時間。

これが、スクール生や通信生、企業研修の受講者の実践から（試行錯誤を経て）生み出された、**忙しい社会人でも続けやすいバランスとペース**です。

平日は、仕事メインで、行動パターンが比較的一定ですから、毎日同じ手順で練習しやすいメニュー「テキストを使った基礎トレ」が向いています。通勤には混んだ車内でもできる、「流し聞き・リピーティング・シャドウイング」が向いています。

休日は、比較的まとまった時間が取りやすく、「ＴＯＥＩＣ練習問題を解く」「ＴＯＥＩＣ練習問題の復習」に向いています。また、英語学習に変化をつけ、楽しめる要素を加える「英語素材の活用」にも、休日が向いています。

１日１時間のペースが出来上がると、年間３６５時間で、１００点前後のスコアアップが可能です。

42 高得点を取れる人は、習慣化を焦らない！

43 高得点を取れる人は週間目標を持ち、取れない人は毎日のノルマに追われる。

企業研修では、各受講者が「いつまでに〇〇点」という目標設定をします。管理職研修などの階層別研修では当然として、たとえ自己啓発のセミナーであったとしても、会社の施設を使って行うわけですから、「成果へのコミットメント」が期待されます。

しかし、個人の意志で学習する場合は、この限りではありません。達成期限を決めた目標設定は不要です。むしろ、**期限を決めないことで、余計なプレッシャーを感じることなく、英語学習を楽しめるでしょう。**

一方で、「いつまでに〇〇点を取る必要がある」という人や、「期限を決めた目標設定で自分を追い込むほうが燃える」という人もいます。この項では、こうした皆さん向けの話をします。

まず、達成期限に見合う、学習時間を確認します。

当たり前のことですが、「精神的にがんばる」だけでは、英語の実力はつきません。むろん、集中して取り組んだほうが効果的なのは事実ですが、**スキルレベルで英語を定着させるには、十分な反復の回数（＝時間）が不可欠です。**

０５項で紹介したスコアアップの必要時間から、必要な学習時間を計算してください。その時間数を、達成期限までの日数で割ると、１日に必要な学習時間が計算できます。

（例）現在スコア５００点、目標スコア６５０点、達成期限まで２４０日の場合
必要時間数：３００時間（５００→６００点）＋１７５時間（６００点→６５０点）
＝４７５時間
１日あたり：４７５時間÷２４０日＝約2時間

（ご自身の必要時間数を確認して、顔が青くなったという人も、０５項で必要時間と合

わせて説明の通り、現在のスコアが実力を正しく反映したものでないこともあります。この場合は、問題形式に慣れること（2回目の受験）でのスコアアップ（実力スコアの反映）がありますから、実際の必要時間数はもっと少なくなります。）

1日あたりで必要な学習時間がわかったら、この時間を7倍して、1週間に必要な学習時間を計算してください。先ほどの例であれば、2時間×7日で、14時間です。この「週14時間」が、学習時間の目標です。毎日2時間が無理でも、週間で考えれば、「平日1時間×5日＋休日4・5時間×2日」といった組み合わせで達成できます。

毎日の学習時間のノルマを決めても、仕事や同僚とのつき合い、体調不良といった理由で達成できない日が出てきます。**ノルマが達成できない日が続くと、精神的に追い込まれます。週間での目標（ノルマ）であれば、出来ない日があっても、他の日でカバーできれば問題ありません。**「平日に出来ない分を休日に回す」「休日に用事がある時は、平日の時間を増やす」といった具合に調整するのです。

「平日の学習時間をもっと増やさないと、必要な時間数が確保できない」という人には、「ながら時間」「スキマ時間」の活用をおすすめします。

「ながら学習」の代表は、「通勤電車に乗りながら」の学習です。他にも、「朝食を食べながら」「家事をしながら」「歩きながら」など、**毎日している行動に英語学習をセットすると学習時間が増えます。**

それでも時間が足りないなら、「スキマ学習」があります。例えば、「昼休みの５分」、「人を待つ５分」でも、「英文をシャドウイングする」「ＴＯＥＩＣ練習問題を解く」「英文記事を読む」といったことができます。１日２回×５分のスキマ学習で、月５時間（年６０時間）の学習ができます。

43 高得点を取れる人は、「ながら」「スキマ」も活用する！

44 高得点を取れる人は学習再開のフックがあり、取れない人は復活できずに終わる。

学習を始めて、学習習慣が出来てきても、安心は禁物です。

企業研修の受講者の中には、前回セミナーまで順調に学習できていたのに、1ケ月後のセミナーでは、「仕事が忙しくて、学習時間が0でした」といった人がいます。先月まで、机に向かっての学習だけでなく、通勤時間の「ながら学習」や「スキマ学習」が出来ていた人が、忙しいという理由で、学習時間が0になるのはなぜでしょう?

その理由は、「気持ちが学習に向かない」からです。頭の中では、常に仕事のことを考えていて、「他のことが考えられない」のです。もちろん、そこまで**仕事が忙しい時は、英語学習を少しお休みにして、仕事に専念して良いと思います。問題は、仕事が一段落した時に、気持ちを復活できるかどうかです。**

ところで皆さんは、山登りで歩き続けて、疲れたらどうしますか？　もちろん、休憩を取りますね。休憩後、再び歩き出す時に、これから目指す頂上を見たら、どう思うでしょう？頂上までもう少しであれば、「がんばろう」と思うでしょう。では、まだ半分くらいの地点なら、どうでしょう？「まだまだ遠い」と思って、辛い気持ちになるかもしれません。

そんな時、**元気を出す方法があります。**それは、下を見ること。つまり、**上ってきた高さを見ることです。自分の努力が「見える」と、「せっかくここまで来たのだから、もう少しがんばろう」と思うわけです。**

40項で、「机の上の使っていない教材は処分する」とアドバイスを差し上げました。これは、「やっていないものが見えると、やる気が下がる」からです。逆もまた真なりです。**「やってきたものが見えると、やる気が上がる」**のです。

ですから、**「学習量の見える化」をしておけば、やる気が維持されます。**そして、学習をお休みしても、これを見れば元気になって（フックになって）、学習を再開することができるのです。

その方法を3つ紹介します。

1．テキストの学習したページに日付を記入する

これは、私（松尾）も講師になる前から実践している方法です。学習した日付をページの余白にメモするだけですが、メモすると、空日の日を作りたくなくなります。しばらく学習を休んでも、日付のメモを見ると、不思議と再開しようという気持ちになれます。

2．手帳に、学習時間を記録する

スクール生や通信生、企業研修の受講者が実践している方法です。手帳に、その日、英語に触れた時間を記録をします。記録するのは学習した都度でも、1日1回まとめてでも、かまいません。**記録のコツは、その日の合計時間だけでなく、記録開始からの累計時間も計算して、メモすることです。**

累計時間が、50時間、100時間と増えていくと、スコアアップの必要時間（05項）

に近づいていくのがわかり、もっと時間を増やそうという欲が出てきます。こうなると、「ながら学習」や「スキマ学習」も増えて、学習時間が更に増えます。**累計時間が増えていく中で、スコアアップを経験すると、学習を止めるのがもったいなくなります。**

3. 手帳に、表現を記録する

音読筆写（35項）などでトレーニングした表現の中から、気に入った1文を選んで、手帳に記録していくと、自分だけの「表現集」になります。この表現集は、Eメールを書く時の参考にしたり、外国人に会う前にチェックして、会話で使ったりと、実践で即応力を磨く際の「お助けツール」として重宝します。**実際に使えた表現は、場面とともに記憶され、自分の「いつもの表現」に変わり、もっと学習したい気持ちを高めてくれます。**

44 高得点を取れる人は、学習量を見える化する！

第8章

こう維持する！
モチベーション 編

松尾謙一

45 高得点を取れる人は繰り返すことで進歩を感じ、取れない人は出来ない自分が嫌になる。

４４項で、「仕事が忙しくなると、英語に気が向かなくなる」と書きました。仕事以外にも、病気になったり、心配ごとがあったりすると、英語への気持ちが薄れるものです。しかし、これは仕方のないことです。学習をストップしても、「再開のフック」があれば、学習を再開できますから、心配ありません。

しかし、外的な要因がないのに、やる気が低迷することがあります。第８章でお話するのは、「やる気を下げない方法」と「やる気が下がった時の対処方法」です。

「やる気が下がる」原因の１つ目は、毎日トレーニングしても進歩を感じられないことです。

企業研修や通信講座の受講生から聞く代表的な声に、こんなものがあります。

「リスニング力が上がっていない気がする」
「リーディング力が上がっていない気がする」
「語彙力がついていない気がする」
「文法力がついていない気がする」

「出来ていない気がする」のですから、「やる気が下がる」のは当然です。
しかし、トレーニングを続けているのですから、必ず力はついています。
問題は、力がついていることに、気づいていないことです。

「気の持ちよう」という言葉の通り、同じ状況を見ても、見方で感じ方は変わります。
ですから、**見方を変えて「小さな進歩に気づく」ことが必要です。**

小さな進歩に気づく方法を紹介します。

①リスニング理解度

テキストで基礎トレを行う前に、音声を聞き、理解度を「1（1割くらい）、2（3割くらい）、3（5割くらい）、4（7割くらい）、5（9割以上）」の5段階で自己評価し、数字をテキストにメモします。練習後に再度音声を聞き、理解度をメモすると、進歩（練習による伸び）が確認できます。

②速読スピード

リスニング理解度と同様に、テキストの練習の前後で、秒数を測って英文を速読（秒数をテキストにメモ）することで、進歩（タイムの短縮）が確認できます。

③単語集・文法書

単語集は、「暗記用」ではなく、「確認用」に使うと、37項で述べましたが、文法書も同様です。単語・文法の解説が載っている「基礎トレ用のテキスト」「TOEIC問題集」を使っていれば、単語・文法の特別な学習は不要です。一方で、学習を続けていると、「文法力をもう少し高めたい」という気持ちになることがあります。

そんな時は、高校1年生程度までの基本的文法がコンパクトにまとめられた**「なるべく薄い」文法書を一冊用意**して、1～2週間程度、短期間で、通読することをおすすめします。知っていることを「確認」することが目的ですから、知らないことも読むにとどめ、暗記はしません。それでも、頭の片隅に知識が残りますから、普段のトレーニングでテキストや問題集の解説を読む際に、「ああ、あのことか」と思い出されます。半年か1年後くらいに、また同じ文法書に目を通すと、進歩（文法が定着していること）が確認できます。

代表的な方法を紹介しましたが、「気の持ちよう」で、自身の進歩を感じる瞬間はたくさんあります。**理想とする自分（もっと出来るはずという気持ち）と比べるのではなく、過去の自分と比べること（前よりできた！）が大事です。**

45 高得点を取れる人は、小さな進歩に気づく！

46 高得点を取れる人は受験時の体感を重視し、取れない人はスコアに一喜一憂する。

「やる気が下がる」原因の2つ目は、トレーニングしていたにも関わらず、TOEICスコアが下がることがあることです。

06項で述べた通り、TOEICには測定誤差がありますから、**英語力に変化がなくとも50点の幅でスコアが上下します。ですから、この範囲内であれば、スコアに一喜一憂しないことです。**

とはいっても、5点でも上がれば嬉しい。
5点でも下がれば悲しい気持ちはわかります。
でも、悲しいままでは、やる気が下がります。

やる気を下げない方法は、
受験時の体感をポジティブにとらえることです。

テニスの錦織圭選手の試合後のインタビューを見ると、負けた試合の後でも、「手応えがあった」「もう一歩だった」「リターンが良かった」「試合を楽しめた」というポジティブな感想が多いことに気づきます。がんばった試合の中から、**体感の良かった部分を探して、自分の言葉にすることが、やる気を下げない方法**だからです。

TOEICも同じです。がんばった2時間のテストから、体感の良かった部分を探して、言葉にしてみてください。「パート2で応答の場面が浮かぶ問題が多かった」「パート4のスピードに慣れてきた」「パート7のやり残しが5問減った」という具合です。

自分に言うだけでなく、ご家族や友人に言ったり、SNSへ投稿したりすると、応援メッセージがもらえて、やる気を上げてくれることもあります。

そして、**返ってきたスコアの結果が下がっていても、体感を信じて気にしないことです。**

私も、TOEICの受験を続けていますが、前回とまったく同じスコアということは、過去に1回しかなく、**必ず小さなアップダウンをします。**下がると最初は落ち込んでいましたが、体感の良かった部分を探して言葉にするようにしたら、気にならなくなりました。

むしろ、最近ではTOEICを楽しめるようになってきました。TOEICはビジネスの練習試合ですから、純粋にリスニング・リーディングに集中すれば、2時間後には、やり遂げた「達成感」があります。

「とても楽しむ気になれない」という人も、少しずつ楽しめるようになるものだと思って、**小さな手応えを見つけることから始めてください。**なお、TOEIC対策をしていると、本来の聞き方・読み方で、リスニング・リーディングに集中できませんから、辛いばかりで、楽しいと感じる日はやって来ません。この楽しみは、あくまでも実力勝負をする人のものです。

また、私自身は経験がありませんが、ときとして50点の誤差の範囲を超えてスコアが下がる人がいます。「残業が続いて、寝不足だった」といった体調が理由の場合もあれば、18項で紹介した「リーディングの解く順番を変えて失敗した」ことが理由の場合もあります。こうした理由でなければ、メンタル的に「試合本番に弱いタイプ」ということもあります。

この解決方法は、簡単です。**「スコアを上げよう」と力まずに、ＴＯＥＩＣを受験することです。**テスト本番で、スコアを上げようと考えるから、実力以上の力を発揮しようとして、「考え過ぎたり」「飛ばし読みをしたり」して、実力以下のスコアが出るのです。「実力を上げるのは、テスト前の練習で、テスト本番ではないのだ」と考えて、リラックスして受験しましょう。

46 高得点を取れる人は、ＴＯＥＩＣを楽しむ！

47 高得点を取れる人は1冊のテキストをやり切り、取れない人はすぐに変えて伸びない。

「やる気が下がる」原因の3つ目は、

一定期間トレーニングしても、成果が出ないことです。

前項で、「TOEICスコアが下がっても、気にしないこと」と書きました。一方で、**一定期間の学習を継続しているのに、スコアが伸びないことがあります。** 1日1時間程度の学習時間であれば、「3ケ月は、体感の変化（スコアは変わらず）」「6ケ月〜1年でスコアの変化（50点以上アップ）」というのが一般的です。

1年が経とうとするのに伸びていない場合は、学習内容の点検が必要です。 継続しているのに（学習時間を累積しているのに）**伸びない理由は、「学習バランスが悪い（インプット不足）」か「テキストの反復練習が不十分（定着不足）」のどちらかです。**

・学習バランスが悪い（インプット不足）

学習時間が多くても、テキストを使った良質なインプット（23項）が不足して、応用力をつける「TOEIC練習問題」や「英語素材の活用」ばかりになっていては伸びません。あくまでも、インプットによる基礎力の向上があっての応用力です。

・テキストの反復練習が不十分（定着不足）

テキストを使った良質なインプットを行っていても、1冊のテキストを十分に反復練習しなければ、「知らないこと（知識のないもの）」を「スキルレベル」に定着させることはできません。

学習の定着イメージは、「慣れる（認知）」→「わかる（知識）」→「出来る（スキル）」です。リスニングであれば、初めての単語の「音に慣れる」→「聞いて意味がわかる」→「自分の言葉として話せる」のステップを踏んで定着します。

ですから、**1冊のテキストの反復回数は、3回が基本です。**２０の英文が載っているテキストであれば、１から２０番まで、１日１英文ずつトレーニングを行い、これを、３周繰り返して、３ケ月程度で１冊を終えます。

伸びない人の多くは、1回終わったら、反復せずにテキストを変えてしまう人です。こうした人に、「内容が面白くない場合は別ですが、そうでなければ、最低2周は繰り返すことをおすすめします」とアドバイスすると、「繰り返すと飽きる」という答えが返ってきます。

飽きないためには、４５項の「小さな進歩に気づく」ことが大事になります。１周目よりも、2周目の「音読」「速音読」「シャドウイング」などの進歩を楽しむことです。

１冊のテキストを3周やりきって、次のテキストを始めると、嬉しいことが待っています。それは、前のテキストの英文を初めて聞いた時、初めて読んだ時と比べて、理解度やスピード処理力が向上していること。あるいは、わかる単語や表現が増えていることに気づくことです。

ここで進歩に気づければ、何の心配もありません。
スコアアップは、もうすぐそこに来ています。

学習期間が1年を超え、2年・3年と続いたら、もう1つおすすめの成果の確認方法があります。それは、**毎年のベストスコアだけを比較することです。**毎回のスコアには、小さなアップダウンがあります。これでは、大局がつかめません。

毎年のベストスコアを比較すれば、「300点→500点→630点」、「550点→720点→810点」、「640点→790点→900点」といった具合に、確実に実力がついているのが実感できるはずです。

47 高得点を取れる人は、反復の力を知っている！

48 高得点を取れる人は「話す」ことで刺激を受け、取れない人は根を詰めすぎて嫌になる。

社会人の英語学習者から、「会話とTOEICは別もの」「話せるようになりたいから、TOEICは受けない」という声を聞くことがあります。

TOEICを受験するかどうかは別として、会話力は、「相手の発言を聞く」（リスニング）と「自分が発言する」（スピーキング）の組み合わせです。

リスニング力アップには、「スピード処理力」を鍛える必要があり、スピーキング力アップには「即応力」を鍛える必要があります。そして、これらは、「会話」の実践だけでは身につかず、反復練習によるトレーニングが必要です。

日本人でも、アメリカ人でも、小学校で6年間、母国語を音読したり、書き取りしたりするのは、そのためです。ネイティブ・スピーカーが6年間トレーニングしているのに、「会話」の実践やレッスンだけで、話せるようになるはずがありません。

ですから、せっかくTOEICを受験して、「スピード処理力」や「即応力」を高めるべくトレーニングしている人こそ、その成果をTOEICで測るだけでなく、「会話」の実践で発揮してほしいのです。

これは、前項の「一定期間トレーニングしても、成果が出ない」と感じた際に、「やる気を高める」ためのカンフル剤としても有効です。**1つのことに根を詰めすぎると、疲れてきます。疲れてきたら、視点を変え、行動を変えてみると、新たな発見があり、やる気が復活します。**

時間とお金があれば、海外旅行もいいでしょう。家族と一緒に行けば、家族サービスにもなり、英語を話す（あるいは格闘する）あなたを見て、家族からの称賛（あるいは応援）があるでしょう。たとえ、上手く話せなくとも、リスニング力の向上には自信を持つでしょうし、「次回は、もっと上手く」という気持ちで、練習に力が入るはずです。

もちろん、海外に出かけなくとも、英語を使う場は、身の回りにあります。

東京・京都・大阪はもちろん、地方都市にも外国人観光客が増えていることは、皆さんも実感されているはずです。駅の券売機の前や、街角で地図を広げている外国人を見かけたら、Do you need some help?「お手伝いしましょうか？」と声をかけてみるのがおすすめです。

「○○行きの切符がほしい」「○○はどこにあるのか？」など、パート2「応答問題」さながらの「問いかけ文」が返ってくるはずです。**TOEICはビジネス英語の練習試合ですが、そこで学んだ表現は、当然「会話」にも使えます。そして、会話で聞き取れた、話せた表現は、エピソード記憶（31項）で脳にインプットされます。**

「イングリッシュパブ」に出かけるのもおすすめです。日本で働く外国人のビジネスパーソンが多数来店し、仕事帰りに同僚との一杯を楽しんでいます。私も、友人と一緒に出かけて、隣のグループと話が盛り上がったことが何度もあります。業界の話をしていたと思ったら、スポーツの話になるなど、パート3「会話問題」さながらの展開に耳が鍛えられます。

話す相手は、英語を使える人であれば、ネイティブ・スピーカーである必要はありません。スカイプ英会話を使えば、先生の多くはフィリピン人ですが、手軽かつ安価に会話の実践ができます。

更に、「話す・書く」のアウトプットの決め手は、**TOEICスピーキング・ライティングテストを受験**することです（スピーキング・テストのみの受験もできます）。ビジネス英語に必要な「話す・書く」能力を直接測定しますから、問題形式に慣れることで、ビジネスでの応用力を実践レベルへ高めることが可能です。

48

高得点を取れる人は、英語を使う！

49 高得点を取れる人は「刺激のある場」を求め、取れない人は「やる気が出ない」と嘆く。

前項では、一定期間トレーニングしても、成果が出ないと感じた際には、「やる気を高める」ためのカンフル剤として「話す」実践をするといいと書きました。

「高得点を取れる人」とは、学習を長く続けられる人です。そして、やる気が落ちた時に、やる気の上げ方を知っている人です。そのひとつの方法が「実際に英語を使ってみる」ことです。これ以外にも、**高得点を取れる人に共通する行動様式があります。**

それは、**「刺激のある場を求める」ことです。**

企業研修で、例えば、「600点未満の方対象のセミナー」の募集があったとします。するると、どちらの企業でも、700点、800点以上の方から、「自分も興味があるので参加できないか？」と問い合わせがあります。既に、600点を超えているわけですから、学ぶ内容は限定されるのですが、それでも参加を希望する理由は、セミナーの場に行けば、何らかの刺激が得られると知っているからです。

私（松尾）が、外国語大学に進学したのも、日本人最高位の英語使いに会ってみたいと思ったのがきっかけです。大学で英語研究会（ＥＳＳ）に所属すると、そこには魅力的な先輩が大勢いました。中には、３年時で英検１級を取得している猛者もおり、彼らの使う英語を聞いて、大いに刺激を受けたものです。

最近では、人と直接会わなくても、ネットなどからたくさんの情報を得ることができる便利な時代になりました。これは、英語もしかりですが、それでも**対面して直接、人と話すことから得られる刺激は、「やる気を高める」カンフル剤になります。**

しかも、コミュニケーションが上手い人と接することは、相手が日本人であれ、外国人であれ、自身のコミュニケーション能力を上げるヒントになります。英語でコミュニケーションをするのであって、英語力があれば、それだけで良いコミュニケーションが出来るわけではありません。コミュニケーションの方法が学べて、やる気も高まれば、一石二鳥です。こうした場の例を紹介します。

1．他の英語学習者と交流する

定例の学習会といった本格的なスタイルである必要は、必ずしもありません。ＴＯＥＩＣ受験の打ち上げ（食事をしながら、受験の感想や学習状況を、日本語で交流する）、外国人社員や留学生との英語での交流会（バーベキューや花見など）といったイベントを企画して、知り合いに声をかけてみるのがおすすめです。**自分の一歩先を行く学習者（学習状況や英語レベル）に、刺激を受けるはずです。**

2．英語講師のセミナーに参加する

会社で開かれるセミナー、英語学校や新聞社などが主催するセミナー、ＴＯＥＩＣを実施する「一般財団法人　ビジネスコミュニケーション協会」が主催するセミナーなどがあります。開催頻度は高くありませんが、有名講師のレクチャーを聞ける機会です。英語を学ぶ面白さや、厳しさの話に、刺激を受けるはずです。

49 高得点を取れる人は、自ら動く！

3. 英語を使って仕事をしている人の話を聞く

社内のどこかに、あるいは知り合い（のまた知り合い）に、あなたが興味のある分野で、英語を使って活躍している人がいるはずです。そんな人に、英語に関する苦労話や、必要な英語レベル、英語が出来てよかったことなどを聞いてみましょう。

英語を学ぶ目的や目標が再確認できて、やる気がわいてくるはずです。自分と同じような学習環境の人の話が一番参考になりますが、バイリンガルやネイティブ・スピーカーの話にも、また違った刺激を受けるはずです。

50 高得点を取れる人は自分を信じ、取れない人は甘言に惑わされる。

「やる気が下がった時の対処方法」として紹介した「英語を使ってみること」「刺激のある場を求めること」には、共通点があります。

それは、**「未来志向」**ということです。「もっと英語が使えたらいいな」と感じることで、英語学習の原点を思い出します。そして、「この人のようになれたらいいな」と刺激を受けることで、「未来が映像化される」のです。

しかし、これはカンフル剤のようなもので、一回の効果はあまり長く続きません。「一定期間続けても成果が出ない」のは、辛いものです。**「なぜ、成果が出ないのか？」と考えると、「もっと良い方法があるのではないか？」と、不安になります。**

そんなタイミングで、「簡単に上がる」「3ケ月で200点アップ」といった甘言を耳にすれば、心が揺らぐかもしれません。しかし、学習内容を点検する（47項）のは当然としても、**成果が出る前に学習法を根本的に変えるのは、危険です。**

一定期間続けることが出来たのは、それが自分にとって正しい学習法だからです。だからこそ、習慣に出来たのです。そして、習慣を獲得したことこそが、ここまでの一番の成果です。

英語を身につける方法は、1つではありません。しかし、どんな方法でも、習慣が伴わなければ、成果を出すことはできません。自分にとっての学習法の優劣は、それを習慣にできるかどうかの優劣なのです。

これまでの方法を止め、新しい学習法を身につけるのにどれほどの時間と労力が必要でしょうか？　その学習法は、身につけた習慣を変えることなく実行できるのでしょうか？　その学習法で、本当に自分も成果が出るのでしょうか？

私は、企業研修・スクール・通信講座で、万を超える受講者と接してきましたが、「習慣化出来ている学習法を変えて、劇的に伸びた」という話を聞いたことがありません。

その代わりに、私が耳にしてきたのは、こうした言葉です。

「あきらめずに続けて良かった！」
「自分を信じて良かった！」
「遂に壁を越えた！」

英語学習には、確かに「壁」が存在します。順調に、50点、100点と伸びていた人にでも、1年以上スコアが変わらない期間が訪れることがあるのです。

順調に伸びていた人こそ、不安になります。

でも、越えられない「壁」はありません。折れそうになる心に耐えて、日々のトレーニングを続けていると、ある日、突然に、「壁」は消えます。**停滞していた期間が長いほど、スコアの伸びが大きいことがほとんどです。**

そして、スコアの伸びよりも嬉しいのは、壁を越えることが出来た「**誇らしい自分**」です。

壁を越えるために、本当に必要なことは、ここまで続けてきた「**自分を信じること**」です。

そして、この学習方法で英語力を伸ばすと決めた「**自分の信念を貫く**」ことです。

50 高得点を取れる人は、信念を貫く！

おわりに

最後までお読みいただいて、ありがとうございます。再び、鹿野晴夫です。

私は、英語が中学から苦手でした。大学は工学部で、当時2次試験に英語のなかった学科を選びました。大学では、1年生で必修だった英語の単位が取れず、卒業が1年延期になりました。就職した会社も、入社時は英語が不要でした。

ところが、29才で海外出張に行くことになり、アメリカとカナダの取引先を訪問しました。これが初めての海外です。もちろん、10日の出張で英語力が伸びるはずはなく、帰国後に受験した初TOEICは、335点でした。

海外出張での高揚感から、「英語を身につけよう」と思ったものの、学習の仕方がわかりません。そんな折、会社で英語学習法のセミナーに参加しました。これをきっかけに、学習を始めたら、約1年で600点台、約2年で700点台、約3年で800点台に到達できました。その方法は、本書で紹介した通りです。

それから数年後、35才で独立して、教育研修会社を設立しました。これまでに、トヨタ自動車、ソニー、東芝、富士通、KDDI、三菱電機、キヤノンなど、大手企業を中心に200社以上の企業様で、英語学習法のセミナーを行ってきました。

セミナーを受講された皆さんや企業様からのご要望に応えて、東京（赤坂見附）と大阪（心斎橋）でスクールを運営し、300名以上の方が通学するほか、遠方の方のために、通信講座も開講しています。

会社を設立して16年が経ち、日本人がビジネスで英語を使う範囲は、格段に広がりました。商品の輸出入、海外での生産、海外での直接販売、海外での研究開発といった「海外に出て行く英語」だけでなく、訪日観光客へのサービス提供という「日本で受け入れる英語」のニーズも高まっています。

ビジネスや観光で海外に出かける日本人の数は、年間約1700万人ですが、日本を訪れる外国人の数は、すでにこれを上回っています。さらに、政府は、2020年に400

０万人、２０３０年に６０００万人の訪日観光客の受け入れを目標にしています。

企業の新人研修で、英語学習法のセミナーを担当する際にする質問があります。「定年の年齢から、自分の年齢を引いてください。何年ありますか？　３０年以上ありますね。今、英語が必要ない気がする人も、１０年後、２０年後に英語が必要ないと言い切れますか？」

訪日観光客の増加だけでなく、国内の人口が減少する中で、企業活動のグローバル化は、更に進みます。労働人口の減少もあり、外国人労働者の増加も続きます（現在９１万人）。

多くの企業は、なぜ新人研修でＴＯＥＩＣを実施したり、英語研修を実施したりするのでしょうか？　ほとんどの場合、「すぐに業務で英語が必要だから」ではありません。業務を覚えていく中で、会社の中でステージが上がる中で、英語が必要になっていくからです。あるいは、現在の業務では、あまり英語は必要ないけれど、今後の会社のグローバル展開の中で、英語が使える人材が必要になるからです。

もっと言えば、

「英語が必要になった時に困らないように」という「親心」です。
「現状に満足せず、成長していってほしい」という「期待」です。
「未来の会社を背負っていくのは君たちだよ」という「激励」です。

でも、残念ながら、そう受け取らない人もいます。「英語が得意な人ががんばればいい」「たくさん覚えることがあって忙しいのに、英語なんてできない」。

これは、新入社員だけのことではありません。昇格昇進基準にＴＯＥＩＣスコアが要件化された中堅社員、外国人が取締役になり、英語が必要になった幹部社員などからも、同じ声が聞こえます。

あるいは、英語の実力を上げようとするのではなく、ＴＯＥＩＣの解法を考えたり、ゲームのように裏技を探したりすることに、熱心になる人たちもいます。

もちろん、こうした人たちは、少数派です。

でも、書店に行って、「ＴＯＥＩＣ対策」というタイトルの本が、ずらっと並んでいるのを見ると、「我々は、力不足だなあ」と思うのです。
タイトルが対策というだけで、健全な中身の本もたくさんあります。でも、「対策」を期待する人が多いからと、タイトルにつけるわけです。
そこには、「なぜ、ＴＯＥＩＣが生まれたのか」「なぜ、企業がＴＯＥＩＣを使うのか」という想いを伝える意図も、「どうして、日本人は英語が出来ないのか」「どうすれば、出来るようになるのか」という問題の根本に挑む熱意も感じられません。

「想い」や「熱意」がなければ、「教育」ではありません。

こんな想いを込めて、英語教育を変えたいという熱意を持って、4名の著者の持てる力を出し切って、本書を書き上げました。
皆さんの人生を豊かにすることに、
本書が少しでも役立つことを願っています。

鹿野　晴夫

■著者略歴

本書は「英語トレーニング」を普及するBizCom（ビズコム）講師陣の共著です。

鹿野　晴夫（かの　はるお）

株式会社ビズコム代表取締役。1964年、北海道生まれ。東京都立大学工学部卒。29歳、初の海外出張を契機に、大の苦手だった英語と向き合うことを決意。自己学習のみで、TOEIC® テスト335点から、980点へ。経験を綴った本の執筆を経て、35才で会社を設立。英語トレーニング指導のプロとなる。経験とデータに裏付けされた解説が多くの社会人から支持され、セミナー受講者は、トヨタ自動車、ソニー、東芝、富士通、三菱電機、キヤノンなど、200社10万人を越える。著書は、『社会人のためのやり直し英語バイブル』（あさ出版）など、60冊以上。

山縣　画児（やまがた　がくじ）

BizCom東京センター教務責任者。1966年、東京都生まれ。福島大学大学院、シドニー大学大学院卒。前職では、大手会話学校にて講師育成の研修トレーナーとして勤務。現在「企業研修」のほか、東京センターにて「スクールレッスン」を担当。TOEIC® テスト990点、TOEIC® SW テスト200/200点、英検1級。

松尾　謙一（まつお　けんいち）

BizCom大阪センター統括マネージャー。1974年、大阪府生まれ。京都外国語大学卒。前職は、ネイティブ講師派遣の研修会社に勤務。現在、関西の「企業研修」を担当するほか、大阪センターで「公開講座」「スクールレッスン」を担当。共著書に『めざせ！中級 新TOEIC® テスト実戦トレーニング』（丸善）など。

山田　治（やまだ　おさむ）

BizCom東京センター講師。1976年、茨城県生まれ。麗澤大学大学院卒業。前職では、中高一貫校の講師として勤務。現在、関東の「企業研修」を担当するほか、東京センターで「公開講座」「スクールレッスン」を担当している。TOEIC® テスト990点、英検1級。

本書の内容に関するお問い合わせ
明日香出版社　編集部
☎(03) 5395-7651

TOEIC® テストで「高得点《こうとくてん》を取《と》れる人《ひと》」と「取《と》れない人《ひと》」の習慣《しゅうかん》

2016年　6月　23日　初版発行
2016年　7月　21日　第6刷発行

著者　鹿《か》野《の》　晴《はる》夫《お》
　　　山《やま》縣《がた》　画《がく》児《じ》
　　　松《まつ》尾《お》　謙《けん》一《いち》
　　　山《やま》田《だ》　治《おさむ》
発行者　石野　栄一

明日香出版社
〒112-0005 東京都文京区水道 2-11-5
電話 (03) 5395-7650（代表）
(03) 5395-7654（FAX）
郵便振替 00150-6-183481
http://www.asuka-g.co.jp

■スタッフ■ 編集　早川朋子／久松圭祐／藤田知子／古川創一／大久保遥／生内志穂
営業　小林勝／奥本達哉／浜田充弘／渡辺久夫／平戸基之／野口優／横尾一樹／田中裕也／関山美保子　総務経理　藤本さやか

印刷　株式会社フクイン
製本　根本製本株式会社
ISBN 978-4-7569-1844-4 C2082

編集担当　石塚幸子

「英語を話せる人」と「挫折する人」の習慣

西 真理子

留学なし＆英会話スクールを２回でやめたのにバイリンガルとして外資系で働いた著者の独学法を伝授。ネイティブに習っても無理だった、流行の語学書を試しても話せない、留学しても話せない方に、日本でできるメソッドをわかりやすく説きます。

定価 1400 円＋税　B6　240 ページ
ISBN4-7569-1782-9　2015/7 発行